中華教育

馬可·孛羅歷險記

大國奇跡

【意】克里斯蒂娜·拉斯特萊格

弗朗西斯科·苔斯塔／著繪

馬素文／譯創

馬可·孛羅歷險記

大國奇跡

【意】克里斯蒂娜·拉斯特萊格
弗朗西斯科·苔斯塔 / 著繪
馬素文 / 譯創

責任編輯：謝燿壕
裝幀設計：龐雅美
排　版：龐雅美
印　務：劉漢舉

出版 / 中華教育

香港北角英皇道 499 號北角工業大廈 1 樓 B 室
電話：(852) 2137 2338　傳真：(852) 2713 8202
電子郵件：info@chunghwabook.com.hk
網址：http://www.chunghwabook.com.hk

發行 / 香港聯合書刊物流有限公司

香港新界荃灣德士古道 220-248 號荃灣工業中心 16 樓
電話：(852) 2150 2100　傳真：(852) 2407 3062
電子郵件：info@suplogistics.com.hk

印刷 / 高科技印刷集團有限公司

香港葵涌和宜合道 109 號長榮工業大廈 6 樓

版次 / 2021 年 12 月第 1 版第 1 次印刷
©2021 中華教育

規格 / 16 開 (275mm x 210mm)
ISBN / 978-988-8760-23-7

目 錄

第一章
神祕陶俑

我們到達了北面，離大都很遠了。我身負大汗所託，跟隨郭守敬大人一起去查看礦區情況。

終於見到了長城，真的是超級偉大的創造。

無垠的草原之上，陣風拂來，將腳下的草葉吹出滾滾的波浪，像皺了的水面，一圈圈蕩漾開去。草原青青，卻也在夕陽的映照下層層變色，由眼前的碧綠，慢慢變成嫩綠，再遠一些，綠色的葉尖微微泛黃，延伸到最遠端，在微懸的落日下，彷

佛被點燃了一般，火紅火紅的，拼命往上躥。

　　馬可・孛羅從來沒見過這樣的景象，在威尼斯可沒有這麼遼闊的草原，不由得看愣了神。並排的威賽拿手捅了捅他，示意要跟上隊伍。馬可這才回過神來，一溜小跑才追上了郭太史他們。

　　郭太史眉頭不展，似乎在為甚麼事擔憂，馬可向御前侍衛恆信打聽了才知道，原來此行的真正目的是為大汗勘探新的礦源。離此不遠處原本有一座鐵礦，只是經年開採後已經枯竭。如果不能迅速找到新的礦脈，不僅會影響鐵的產量和新軍的武

器配置，就連戰馬的蹄鐵和戰甲的修復都會成為難題。

「原本以為這條礦脈還能再用上七八年的。」郭太史抬了抬手指向前方說道：「但是從前年開始，這裏礦石的含鐵量就明顯下降。到了今年……」

「到了今年，礦工們基本都懶得下井了。」恆信接話道。

馬可深感不解：「為甚麼？不下井那豈不是一點兒礦石都挖不出來嗎？」

郭太史和恆信相視無奈一笑，並沒有回答，留下滿臉問號的馬可。

「走吧馬可，姜大嬸估計這會兒已經做好晚餐在等我們了。」威賽從後方趕了上來，「時候也不早了，等太陽真的落山，這空曠的草原可不是鬧着玩的。趁着夜色冒出來的野獸會多得超出你的想像。」

看着草原深處，馬可深以為然地點點頭。他摸了摸肚子，出來了大半天，早就餓得不行了，此時此刻能有甚麼比一桌熱飯菜更吸引人呢？

酒足飯飽，夜幕終於降臨。馬可看着不遠處的長城輪廓，宛如一條沉睡的巨

龍，蜿蜒綿長，從眼前一直深入到不知何處的遠方。

春華幫着母親將碗筷收拾停當，拎着壺茶從後廚走出來給大家解膩。

隔壁幾桌還是熱鬧得很，時不時的一陣哄堂笑聲，馬可忍不住一邊剔着牙，一邊擠進了人堆。

「喂，老傢伙，你真的下過礦洞嗎？看你的樣子，怕是下井不超過半小時就受不了吧。」

「荀老頭，我也是從小生長在這片礦區的，每年進出礦洞沒有一千次也有八百次，我怎麼從來沒見過你說的『宮殿』啊？怕不是你編出來的吧？」

「荀老頭⋯⋯」

看樣子店裏的食客們都是熟識，圍着這個頭髮發灰的老頭兒嬉鬧着，時不時還端起酒杯和老頭兒碰一下杯。老頭兒也不惱，任由他們嬉笑，自顧自喝着酒。有人來碰杯他就抬手碰一下，復而又自嘲地笑笑低頭拾花生米吃。

馬可不明就裏地擠進了人羣，看那老頭兒泰然自若，倒酒、抿酒、剝花生，動作麻利，手不抖嘴不顫，頓時心生疑竇：這位老人家一定是有故事的人。

「老人家！」馬可抬手作揖，他早已熟悉中國的風土人情，生得一副外國人的模樣，但問安行禮卻是一點兒不含糊，「我可以坐這兒嗎？」

老頭兒以為又是哪個來嘲弄他的人，眼皮都沒抬一下，只是用手把面前的花生殼朝自己攏了攏，算是給騰出了一塊地方。直到馬可坐下，他才發現，眼前的人金髮碧眼高鼻樑，再仔細打量，竟然穿着官服。

老人家臉上的驚訝一閃而過，換回了之前淡然的表情繼續喝着小酒說：

「官家大人別介意，這礦啊，早就挖沒了。」

然後他抬了抬酒杯朝周圍示意一下：

「這些傢伙，都是原來礦上做工的人，現在沒事做，除了喝酒扯淡，也沒甚麼可幹的了。」

馬可看向周圍，那些圍着荀老頭的人見官家的人來了，都訕訕地散開去，三三兩兩划拳、喝酒。

「老人家，我叫馬可・孛羅。我剛才聽他們說甚麼『宮殿』的，您真的親眼見過嗎？」

馬可抑制不住心中的好奇，打聽起來。

這時，老人原本被酒熏得略顯渾濁的眼睛突然一亮，警惕地四下看了一圈，示意馬可跟上他，就提着酒壺走到店外。

老人看起來也有七十多歲了，可腳步一點兒不顯老，馬可一溜小跑才跟上了老人家。趕到近前，只聽老人說：「這些事，本來我已經不願意再提了。每次說到『它』，都會被這些人當成瘋子，說幾次之後，我也想明白了，他們只是礦工而已，每天的日子就是下礦、喝酒、回家。就算知道了這些又能怎麼樣，無非是酒桌上多

了點兒談資罷了。」

說到這兒，老人家略有深意地看向馬可：

「不過我覺得你和他們不一樣。」

「他們？」馬可拿手指向小飯館問道。

「嗯……」老人抿了口酒，打了個響亮的酒嗝兒，「我從你的眼睛裏看出，雖然你年齡不大，算起來都是我孫兒輩的，但你是經歷過事情的人。這些事情和你說，可能會不一樣。」

馬可不由得苦笑一聲，暗自想：的確是啊，這一路來到東方，我經歷的事難道還少嗎？

「來吧，今晚讓你見識見識。」

說着，老人家帶着馬可走到了一處廢棄的礦坑前。

曾經礦車進進出出的坑道已經瘋狂長滿了雜草，半人多高的洞口也已經被交錯的藤蔓和陳年蜘蛛網緊緊包裹住。

站在洞口，馬可伸手觸摸冰冷的石壁，試圖想像出這裏曾經的輝煌。但是不知甚麼動物從他手背上一竄而過，嚇得馬可連忙縮手。

　　「還愣着幹甚麼，快過來吧。」也不知道老人從哪兒找到了一個火把，用隨身的火鐮點着。幽深的礦洞頓時光影搖曳，像盤踞着不知名的巨獸。

　　馬可趕緊跟上，用袖子將蜘蛛網都撥到一邊，弓着身子從藤蔓的縫隙間跟着老人家擠進了廢礦洞。

　　「啊！」馬可被甚麼活物迎面撞上，嚇得一聲尖叫，癱坐在地。尖叫的回聲在礦洞內折來返去，更平添一絲恐懼。

　　「呵呵，是蝙蝠，你們那兒沒有這種小東西嗎？放心，不咬人，是我們驚擾了牠。」老人伸手來拉馬可。

　　馬可怎麼好意思承認被蝙蝠嚇到，他趕忙站起來拍拍屁股故作鎮定地說：「才不是，其實是我腳下沒踩穩。」

　　老人也不說破，笑了笑，繼續往前帶路，只是有意將舉火把的手更靠近馬可了些。

　　身邊全是岩石，除了偶爾拐個彎，簡直不知道究竟走了多少路，直到前方似乎無路可走。密閉空間裏空氣稀薄，加上死寂的氣氛，馬可不由得後背發汗。

噗──

不知道哪裏騰起了一股灰塵，陳年腐朽的味道令人作嘔。

「咳咳！」馬可被灰塵嗆得連連咳嗽，更睜不開眼。

透過煙塵，馬可看到老人的身影和火把漸漸走遠。

「難道這裏還有密道？」馬可心中一驚，那些礦工不以為意的故事，難道都是真的？

想到這裏，他也顧不得甚麼灰塵了，用袖口捂住口鼻，跟着火把的亮光摸索過去。果然，沒走幾步，煙塵逐漸消散。馬可揉了揉眼睛，愣住了。

一扇破舊不堪的木質小門已經被他踩在腳下，眼前是另一條通道。完全不似前面那條鑿出來的礦洞，更像是一個巨大的宮殿，只是沒有雕樑畫棟。宮殿的另一端，雖然隔得很遠，但被火把晃動的火光映照得一閃一閃，像浮游的夜精靈。

「這就是沒人相信的宮殿了。」

老人找了塊石頭整理了一下火把頭上的布條，讓火苗更挺直了些。

「我從沒帶人來過，你是第一個，恐怕也是最後一個，因為我隱約覺得這個宮殿不簡單，沒理由會在這麼深的地底……」

老人還在自顧自地向馬可解釋着，沒想到好奇的馬可早就等不住了，三步併作兩步，很快走到了宮殿的盡頭。

如果說剛才看到的是震驚，那此刻看到的景象已經沒有言語可以表達了。

在大約百米深的地底，有一個十幾米高穹頂的「宮殿」也就罷了，現在又出來兩尊高大威猛的麒麟雕塑。要不是歲月的痕跡將兩隻神獸的身體表層剝離出蛛網般的裂痕，馬可會真以為有兩隻活生生的神獸站在此處。

但最讓人驚訝的，是這兩隻神獸所守衛的一扇「門」。

「這門後……」

馬可難以置信地看着這扇不可思議的巨門。

老人歎了口氣說：「我最遠也只到過這裏，至於門後是甚麼，我也……」

沒等老人的話音落下，馬可已輕輕將手按在了門環上。

轟隆隆，一陣響徹天地的聲響，簡直能把耳膜震穿。面前的巨門不見了，先變成了一塊塊磐石，隨後在一陣輕風中化作塵土飄散不見，彷彿之前不曾存在過甚麼高聳的門。

「這⋯⋯」老人那雙半醉的眼睛瞪得像銅鈴一樣，簡直要懷疑自己是不是真的喝醉了。

「呵呵⋯⋯」

馬可滿臉尷尬，撓着頭想着該怎麼解釋。

「你真是太有才了！」

老人抑制不住內心的狂喜，用力揪了揪花白的頭髮說：

「我來了不知道多少回，每次都在兩隻神獸身上找線索，想通過牠倆找到進門的辦法，沒想到啊沒想到啊！原來這麼簡單！就是門環啊，哈哈哈！」

馬可有點兒沒回過神，本以為會被老人家劈頭蓋臉一頓罵。

「還愣着幹甚麼？趕緊進去看看啊！我都在這門外徘徊一年了！」

此時的荀老頭兒哪裏還有在小飯館那副雲淡風輕的老人氣質，活脫脫一個老頑童。他一手舉着火把，一手拽着馬可就往門裏走。

曾經恢宏的大門早已變成一地塵埃，僅存一道門檻。跨過膝蓋高的門檻，馬可和老人總算來到了門後的世界。不知是這兒的空間更大了，還是老人手上的火把燃燒得差不多了，火光已不夠明亮，除了眼前三尺地，幾乎甚麼都看不見了。

「快找找，這兒還有沒有甚麼油燈、火炬之類的東西！」

老人將火把往高處探了探，試圖能照亮多一點兒空間。

「嗯，好！」馬可雖然看不見甚麼，不過畢竟年輕，身手靈活，哪怕是在黑暗中，也手腳並用摸索了一大片地方。

「咦？這是甚麼？」

馬可似乎摸到了一根冰涼的柱狀物，堅硬如鐵，那股寒氣似

乎能透過雙手滲透進他的靈魂。馬可不禁嚇了一跳，一個不穩往後連退幾步，腳下感覺一軟。平整如官道的地面居然有一塊明顯的凹陷，馬可不小心踩了進去。為了保持平衡，他伸手胡亂抓了一下，不知道碰到了甚麼，只覺得眼前一花，整個空間像太陽破雲而出一樣突然被照得通明。

老人也被這突如其來的亮光驚得不輕，趕忙抬手遮住了眼。可是眼淚還是不住地流下來，足足過了好一會兒他們才漸漸適應了這亮光。

原來門後是一條近百米的甬道，甬道兩側各立着一列整齊的人俑。看他們的着裝和配飾，都是軍人的模樣，或站或坐，或奔跑狀，或昂首騎馬，無一相同。可能因為地下空間密閉且多年來從未被闖入的緣故，每個陶俑都宛如新做，全身細膩有光澤，一點兒看不出歲月的痕跡。

馬可這時再回頭去看剛才摸到的東西，不禁冷汗連連。那是位列第一的武將手中的長刀，簡直和茶樓說書人提到的青龍偃月刀一模一樣。而自己誤碰到的就是長刀的握柄，若是剛才不小心把刀碰掉下來⋯⋯

想到這裏馬可一身冷汗，告誡自己千萬不能在這裏亂碰東西。但是，馬可是那種能管住自己手腳，不被好奇心驅使去碰這碰那的人嗎？答案是否定的，因為沒過多久，他又闖禍了。

正當馬可將雙手交疊在身後，小心**翼翼**地穿行在甬道中時，老人早已粗略地看完了兩旁的兵俑，走到甬道的盡頭，說：「馬可！快來看！這位應該就是傳說中的將軍了！」

「將軍？」

馬可畢竟才來到華夏不久，對歷史上的很多人物並不了解。

馬可快步來到老人身邊，只見這兒有一匹陶製的無頭戰馬，戰馬的身上，坐

着一位明顯比一路上看到的兵俑更魁梧、更壯實的陶俑。戰馬的身旁，則是一具棺槨，大約有三米長，絕對不是一般人家的薄皮棺材能比得了的。

「這是誰的陵寢嗎……我們是不是不該闖進來？」

馬可這時候有點兒心虛了。剛來的時候甚麼都沒有多想，只想着探索和冒險。待看到這人的無頭戰馬和棺槨，他的心裏突突地敲起了退堂鼓。

「這位很可能是傳說中的無名氏將軍！」老人一臉的興奮，彷彿見到了甚麼熟悉的人。

「我也是在傳說中聽聞有這樣一號人物。當年秦始皇登基後就開始尋找長生不老的辦法，後來聽說只有將生前的所有一切都殉葬，才能在來世繼承一切。所以他就要自己的手下大將們一起陪葬。」

老人越說越興奮，唾沫星子快將本就飄忽不定的火把給噴熄了。

「你是怎麼認出這就是無名氏將軍的呢？」馬可還是覺得不可思議。

「喏！就是這個了。」

老人用火把指了一下那無頭戰馬說道：「無名氏將軍戎馬一生追隨始皇帝，無怨無悔。誰料得最後落得殉葬的地步，他就起了異心，準備叛逃。」

「他逃掉了嗎？」

馬可全然忘了剛才身處陵寢的恐懼，被故事吸引住了。

「人逃沒逃掉我不知道，只是聽說在叛逃的當日，他發現自己心愛的坐騎死在了馬廄裏，整個腦袋被一刀切掉，刀口平整，顯然是一刀到底的。而且至死，馬都保持着吃草的動作，四肢依然站立沒有倒下。可見動手之人武藝高強。」

「嘶——」馬可倒吸了一口涼氣，感覺渾身的汗毛都被這個故事驚得豎起來了。再回頭看那匹無頭戰馬，果然是脖子微微低垂，彷彿正在馬槽裏吃草，而斷頸之處果然刀口整齊，沒有任何拖泥帶水。

「這應該只是傳說吧……」馬可還是覺得太玄乎，「畢竟誰都不知道這究竟是……嗯？老人家，你看，將軍的手中似乎握着一封竹簡。」

馬可眼睛一亮，感覺自己發現了陶俑將軍身上的祕密。

「只要打開竹簡看一下，就知道這兒究竟是誰的墓穴了！」

馬可邊說着，邊伸手朝竹簡抓去。

「使不得！萬萬使不得！」

老人看馬可要去碰那竹簡，魂兒都被嚇掉了。自從他認出這可能是無名氏將軍的墓穴開始，他的心就一直撲通撲通狂跳。要知道這無名氏將軍可是為秦始皇嬴政統一華夏立下了汗馬功勞，換言之，這是一位萬中無一的戰神，手上不知道沾染了多少鮮血。如果真的如傳說所言，滿懷怨氣打算出逃，卻發現最心愛的戰馬被連頭劈去，那他的心中會有多大的戾氣？這股戾氣又豈是他們一老一小能扛得住的？萬一這竹簡是……

然而，馬可已經把之前自己對自己的告誡拋到了九霄雲外，沒等老人把話說完，他就已經拽下了將軍俑手中的竹簡。

這竹簡摸上去沒甚麼特別的，就是一般的竹片。但他剛拿到手上打算攤開看個究竟時，整個甬道開始地動山搖。

老人突然一拍大腿，大聲喊道：

「不好！快跑！要出事！」

馬可還有些不明就裏，愣着沒動。只見剛才進門的第一尊陶俑已經在震動中轟然倒地，變成一攤碎屑，緊接着就是第二尊、第三尊，像多米諾骨牌一樣一個接一個化成了漫天塵埃。

如果僅僅是這樣還不要緊，這個甬道似乎也越來越不穩定，穹頂上不斷有石塊往下落，而且石塊越來越大。

馬可終於反應過來，也不管手上的竹簡了，撒開腿就跟着老人往外跑。只是折返的路肯定沒法兒走了，就算能走，遍地都是陶俑的碎塊，等慢慢挪過去，怕是整個甬道甚至整個礦坑都要坍塌了。

往回跑了幾步，見形勢不對，老人只好咬着牙又跑了回來。

「既然如此，我們只能再找出一條路了。以我的經驗，這種墓穴一般都會有另一個出口，今天就看你我的運道夠不夠了！」

馬可很想問老人為甚麼這麼肯定還有一條路，不過當他看到眼前的一幕，立馬把所有問題都嚥了回去。因為無頭戰馬和牠背上坐着的將軍，動了！

沒錯，不是倒塌了，是動了！

雖然只是一瞥，但是馬可保證，自己絕對沒看錯！戰馬和將軍就像從睡夢中被驚醒一樣，緩緩地活動了一下筋骨。

他們瞬間發現了馬可和老人，一股凌厲的煞氣從冰冷的陶俑身上噴湧而出。煞氣的目標，鎖定了手執竹簡的馬可！

「路呢？哪兒還有路！」馬可四肢在顫抖，後背在冒汗，用盡全身力氣向老人喊道。

雖然煞氣沒有針對老人而來，但只要不是傻子都能看得出，一尊不知道多少年的陶俑居然動了起來，還揮舞着手中的兵刃朝你奔跑，絕對不是邀請你回去喝茶聊天的。

此時的老人也是萬分焦急。隨着人俑的倒塌，曾經如白日般光明的甬道又恢復到最初的黑暗。在這樣的情況下想要找到一條出路，簡直是癡人說夢。

身後無頭戰馬的馬蹄聲就像行軍的戰鼓，隆隆如滾雷，朝馬可二人奔來。不知道還有多少距離。一旦他們找不到出路，被戰馬碾壓只是遲早的事。

就在兩個人一籌莫展之際，馬可胸前散發出一道柔和的白光。

「是玉墜！」

馬可已經太久沒有落到生死攸關的境地，都快忘了這塊神奇的玉墜。

「玉墜一定能有辦法把我們救出去的！」他心想。

果然，玉墜向前方不遠處射出一道光，示意馬可二人跟着走。身後的戰馬雖然無頭，畢竟是四條腿，越來越近了。

「怎麼辦，我該怎麼辦！」馬可心急如焚，突然靈光一閃，「我有辦法了！」

馬可不由分說地一把拉過老人，朝玉墜光相反的方向走，更不顧老人的連聲質疑，一頭扎進了黑暗，將戰馬引了進去。

沒過多久，只聽得轟隆一聲，將軍俑連人帶馬翻倒在地。

「快走！這只能稍微減緩一下無名氏將軍的速度，我們還是要趕快找到出口。」馬可計謀得逞，又一路飛奔，帶着老人向玉墜光的方向跑去。

果然，在甬道的一側，有一個看起來像堆砌殘渣廢料的堆場，玉墜的光落到了這兒就不再動了，直直地指着廢料堆。

「看來第二個出口就在這兒了，別愣着，快動手吧！」

老人也顧不得問馬可是怎麼設計絆倒無頭戰馬了，捲起袖子使出吃奶的勁開始將陶俑的半成品往外推。等到二人推出了半人寬的距離，果然在廢料堆背後發現一個不大不小能勉強供人通行的小徑。

正當這時，背後憤怒的馬蹄聲再次響起！

二人顧不得謙讓，連滾帶爬地鑽進了小道。前腳剛鑽進，身後就聽到陶俑發出像人一樣的憤怒吼聲，還有戰馬衝撞廢料堆的震動。

兩人來不及慶幸，因為誰也不知前方是否還有更嚴峻的挑戰。他倆四肢着地，用最快的速度拼命往前逃竄。

也不知道究竟在洞裏爬了多久，爬了多遠，只知道身後的震動越來越遙遠，怒吼聲越來越輕不可聞。這條通道不知道通向哪裏，甚至無法分辨上下，馬可只知道自己爬睏了，爬渴了，又爬餓了，手腳全破了皮。

當他都快忘記了疲勞和飢餓時，終於聞到了一陣青草的芬芳。是的，青草的芬芳。這時候對馬可·孛羅來說，只要不是陶俑，一切都是美好的。

當他看到眼前的一絲光明慢慢變大，變得清晰，變得有藍天白雲、有紅有綠時，他昏過去了。

等到馬可醒來，已經是幾天以後的事情了。

據說發現他和老人的是那一晚譏諷過老人的兩個礦工。他倆被發現時，已經衣衫襤褸，手腳沒有一塊皮是好的了。由於認出了馬可·孛羅的官服，這兩個礦工也不敢怠慢，趕忙將兩人背回了主礦區。

眾人想打聽他們的經歷，馬可和老人不約而同地保持緘默，只說他倆試着去找新礦脈了。

湊巧的是，那兩個礦工在發現馬可和老人的位置，的確找到了新的礦脈，雖然沒有原來的主礦大，但也足夠讓那些失業的礦友再次找回工作。

等到身邊沒人了，馬可才悄悄問老人：

「老人家，你是怎麼確定那兒還有第二個出口的？」

老人神祕一笑，說：

「因為我也曾給人造過墓穴。墓主人怕自己墓穴的位置被人知道後被盜，往往會將造墓人關死在墓穴裏，所以造墓人往往會給自己留一條逃生的路。」

　　老人也疑惑地問：

　　「你又是用甚麼辦法算計那匹馬的呢？」

　　馬可不好意思地笑了笑：

　　「因為我剛進甬道時，發現有些地方特別濕滑，而且有凹陷。我琢磨了下，原來是穹頂有水滴落，經年累月，就砸出凹坑，我就把馬引到了水坑最多的地方……」

「哦？哈哈哈⋯⋯」

一老一少兩個人不約而同地笑出了聲。

在離開礦區的路上，郭太史少不了責怪我探險尋礦沒提前告訴他，顯然是擔心我的安危。和郭太史打聽了一下在地下宮殿裏看到的那位無名氏將軍，郭老並沒有正面回答，只是告訴我：那曾經是一個輝煌的帝國⋯⋯

第二章
官道驛站

身負大汗的委派，我經常需要出遠門。但我依然很開心，因為可以看到中國的不同風景，認識不同的人。

走的地方越多，我越意識到中國並不只是一個簡單的國家，它其實更像是完整的一個大洲。

我很欣賞和佩服中國遍佈全境的官道驛站等交通樞紐，可以讓往來商人和官員得到基本的、有效的保障。

又一個夜幕降臨。距離之前長城腳下的礦洞之夜已經過去了一個月的時間。馬可·孛羅一回想起那晚的經歷，還是覺得恍如一夢。他手腳的傷口早已痊癒，新長出淡紅色的皮肉，無不在提醒他無名氏將軍的墓塚並不是自己的臆想。

隨着最後一抹餘暉消失不見，溫度陡然下降了一截。秋天的味道已經越來越濃，坐在馬背上的眾人不由得緊了緊身上的衣服。

「看，前方就是驛站了！」

在前方開道的恆信興奮地大叫起來。已經在路上奔波一天的眾人一聽，又打起了精神，催促胯下馬加速前進。

前方的驛站並不大，主要是提供官府的信差和當值人員路過時，換馬、備乾糧、休息，所以只有幾間房。不過後院的備用馬匹倒是不少，此時正在犯着瞌睡。

馬可·孛羅一行人很快來到驛站前，紛紛下馬。卻不見有驛站的巡檢出來迎接，挺讓人意外。

「這個驛站怎麼回事？莫非沒人？」春華噘着嘴嘟囔。

馬可往驛站內看去，雖然看不見人出來，卻分明看到有人站在窗後朝他們身上打量。

馬可看了一眼身邊的人，恍然大悟。他摸了摸腰間，頓時一個調皮的念頭湧上心頭。

他清了清嗓子，刻意把嗓音往下壓了壓，用力拍門，沉聲說道：

「此驛站巡檢何人，為何明明已經見到本官微服私訪，卻在驛站內閃閃躲躲故意不見？莫不是本官所攜大汗的御賜信物已經不被貴驛站認可了？」

隨着他的呼喝，驛站裏突然響起了物品撞跌的乒乒乓乓聲。不一會兒，驛站的門吱的一聲開了，三四個人俯首貼耳從門內走出，都不敢抬眼看馬可一行人。在這幾人身後跟着一位衣着明顯好很多的，想來應該是此處驛站的巡檢了。

馬可也不囉唆，從腰間摸出一塊五邊形令牌，輕描淡寫地用手指捏着在巡檢面前晃悠。

巡檢一看到這塊令牌，瞬間臉色變了，雙手高高舉過頭頂，從馬可手中接了過來。金色的令牌大約巴掌大，正面陽刻着一個蒙字「令」，背面則陰刻了蒼狼白鹿，兩隻神獸一左一右糾纏在一起，栩栩如生。

　　巡檢拿着令牌的雙手不住地顫抖，嘴角都開始抽搐。他望向馬可的雙眼似乎要滴出淚來，吞吞吐吐想說甚麼卻又不知道怎麼稱呼眼前這位隨身攜帶着大汗令牌的外國人。

　　只聽撲通一聲，巡檢索性跪下了。緊跟着，他身後的四個隨從也不明就裏地都跪下了。

　　「臣有眼無珠，不識大汗令牌，多有怠慢，還請大人恕罪啊！」

　　威賽、春華他們本就不知道馬可的葫蘆裏賣的甚麼藥，只見他神祕兮兮拿出一塊東西，隨後驛站的五個人居然都跪下了。

　　其實馬可自己也嚇了一跳。他這塊令牌的確是貨真價實，是大汗在馬可出宮準備遊歷時給他的。但他卻沒料到這塊御賜的令牌有這麼大的威力，居然讓驛站的官吏直接跪下了。

　　最後還是春華出來打的圓場，只說是大汗要求祕密出行，希望官吏按照正常流程接待就行，不用聲張。這才把誠惶誠恐的巡檢給應付了過去，不然按剛才那架

勢，怕是要用轎子把馬可一行人給抬回宮去了。

慢慢地，驛站的人越來越多，驛站的巡檢這才有點兒顧不上馬可等人，只好吩咐下人千萬不能怠慢這桌貴賓，去接待陸陸續續來的郵驛車馬和軍伍信使。

馬可見到那些前來的郵驛車馬，不由得好奇心起，向春華討教起這方面的事。這才知道，郵驛又叫站赤，幾乎遍佈了整片國土，有效地幫助地方和中央的資訊傳達。馬可心裏琢磨着，這真是一件龐大的工程，在一個百倍乃至千倍於威尼斯面積的大國內，如何將命令及時傳達，還真是個大難題。

馬可唯一能想到的辦法是信鴿，但是信鴿又能有多快呢？元帝國東西縱橫萬里，南北更是貫通南北海，這已經超出信鴿可以傳達的距離了。而且信鴿存在太多的不確定因素，極易導致資訊丟失。唯獨郵驛的車馬可以風雨兼程完成這樣的使命。想到這裏，馬可不由得歎氣道：

「唉，真想體會一下他們風雨兼程、風餐露宿的生活，那樣才算體驗到元朝人民的真實生活吧，而不是像這樣。」他攤了攤手，指着身上的官服。

威賽聽馬可這麼說，連連擺手：

「那可不行，你看，剛才我和春華姑娘在馬車裏坐了那麼久，背都酸了，腿也麻了。要是真像信差那樣奔波，我怕是沒法兒活着回去威尼斯嘍。」

春華也附和道：

「其實你是飽漢不知餓漢飢，因為你算半個官員，才讓你走着官道，能住驛站。不然的話，隨便一個地方讓你翻着山過，這輩子都別想走多遠。」

這麼一聽，馬可也覺得有道理，他雖然想體驗不同的生活，但畢竟來這邊不是為了吃苦來的。

說到餓漢，大家的肚子突然不約而同地叫了起來。姜大嬸哈哈笑着，拉上女兒春華去後廚了。雖然這兒有廚子，但大夥兒早就習慣出門自帶大廚，如果沒有姜大嬸，大夥兒總覺得吃不好也吃不飽。

姜大嬸自然是進了後廚，不過和馬可一般年紀的春華就沒這麼老實了。後院的馬廄成了她的新遊樂場。她也不知道從哪裏抱來一隻花貓，從馬廄玩到了柴房，又從柴房玩到了前院，不亦樂乎。

　　等春華玩累了，姜大嬸的飯菜也已出鍋。她一邊上菜一邊招呼女兒和早已餓得前胸貼後背的同伴。

　　酒過三巡菜過五味，一桌子人的吃相終於好看了些。

　　就在飯後大家隨便聊聊天的時候，驛站門外急匆匆跑進來一個人。起先馬可並沒有特別注意，因為驛站來來往往的人太多了。

　　不過侍衞恆信還是多了一個心眼兒，一直在觀察進進出出的人。他坐的位置剛好對着正門。他發現跑進來的這個人，從他身上的制服能看出他是闊戈泰將軍的手下。

　　恆信眉頭微微一皺。這人喘着粗氣，像是馬不停蹄奔跑了幾天幾夜，渾身上下全是乾透的泥水，走路時腳還一跛一跛，右手緊緊按住腹部，不知道是疼還是在保護着甚麼。

　　恆信悄悄起身，找到驛站的巡檢，讓他將剛進來的那個人引到馬可他們那桌落座。巡檢當然認得恆信是同那個手執令牌的外國使臣一道來的，一個勁兒地點頭說好。

　　等恆信回頭坐下，巡檢也已經把那個跛腳的人領到了桌前。

　　馬可等人不知道恆信這是唱的哪一齣，都大眼瞪小眼地看看恆信，又看看巡

檢，再看看這跛腳的人。巡檢感覺氣氛不對，趕緊推說要去餵馬，一溜煙地跑了。

恆信給馬可一個安心的眼神，讓他少安毋躁。然後朝那個人開口了。

「來喝點兒水吧。」

「你們是誰？」

「闊戈泰將軍最近身體可還好？」

「你們到底是誰？」

「看你這身衣服，應該是送信的吧，為甚麼身上這麼邋遢，你的腳又是怎麼了？」

「我答應闊戈泰將軍絕不會把我的使命告訴別人！」那人一臉嚴肅。

「那將軍有沒有說，如果信送不到我的手裏會如何？」恆信決定欺騙一下對方。

那人明顯愣住了，上下來回打量着恆信，一臉不可置信的樣子：「你就是永茂將軍？」

「噗！」

馬可他們終於繃不住了，肆無忌憚地笑了出來。

那人這才意識到自己被他們戲耍了，腦子又轉了幾圈，又意識到自己差點兒把闊戈泰將軍再三交代的不能說的任務給說出來了。他的臉從煞白變得青紫，最後因為氣憤又變得通紅。

恆信也知道自己的玩笑開得有點兒過頭了，趕緊讓馬可拿出之前給巡檢看過的令牌，給信使找了個台階。

「好了，我相信你是一個合格的信使。在我這麼嚴厲的誘導下都沒有告訴我你此行的真正意圖！放心吧，我們不是敵人，是大汗的使臣。你今天做得很好！」

年輕的信使一看到令牌，臉色一下子變了回去，瞪大眼睛看着桌前的幾位。這些話聽起來還算有道理，自己的確到最後都沒有把此行的任務透露出一絲一毫，年輕人頓時為自己驕傲起來。

「看到這枚令牌，我相信你也知道我們代表的是大汗了。我相信闊戈泰將軍沒有甚麼是不能讓大汗知道的，你覺得呢？」恆信繼續正色道。

年輕的信使當然不會允許自己的將軍名譽被抹黑，一挺胸說：

「那當然，闊戈泰將軍永遠是大汗最忠誠的勇士。」

三言兩語就把信使搞定，馬可對恆信的水平也是佩服得五體投地。

「那麼，你可以告訴我你身上究竟藏着甚麼了嗎？」

恆信一指信使的手捂住的地方。

既然已經知道恆信和馬可的身份，信使也不藏着掖着了。他從懷裏掏出一封信，上面壓着闊戈泰將軍的火漆印。

恆信向馬可點點頭，示意他可以打開。

馬可小心撕開了火漆的封印，從信封內拿出軍隊專用的信紙。信的內容不多，也很簡單，但是內容太讓人難以置信了。

信上說，阿羅丁唆使了名叫頗卓的貴族，一方出財力，一方出兵力，意圖謀反，甚至連準備起事的時間都定了。這封信是寄給金礦附近的守軍的，因為阿羅丁已經在圖謀搶劫金礦了。

「這？怎麼會這樣！」馬可看完信，手因為憤怒不住地顫抖，「大汗治國有道，國泰民安，就連上次去的礦區，工人們暫時沒有工作也過得還不錯。為甚麼要謀反呢？這是要讓民眾再去過水深火熱的生活嗎？」

這時，侍衛恆信的老到就體現了出來：

「我覺得現在我們的當務之急，不僅僅是把信送到礦區這麼簡單。」

大家還沒能一下理解他的意思，恆信看了一眼眾人，繼續解釋：

「據我了解，礦區的守軍其實人數並不多，裝備也只是多年前的配備。如果頗卓突然襲擊，他們多半沒法兒抗住。」

經他這麼一說，眾人也立刻反應了過來。

「嗯。」威賽應和道，「那你說，我們該怎麼辦才好呢？」

恆信指着密信：「你看，根據密報的消息，搶劫金礦的計劃就在幾天後。這意味着……」

「這意味着頗卓的人應該在這幾天先行探路！」

馬可一拍巴掌，輕聲喊了出來。

恆信朝馬可點頭一笑。

「沒錯，所以如果我們能把他派去的探子先行截獲，就能為闊戈泰將軍和大汗爭取到更多的時間。如果時間就在這幾天，那他們的探子很有可能⋯⋯」

說完，恆信警惕地朝周圍看去。

大家一下子就明白了恆信的意思。他們這桌在角落最裏面，往外看去，有五六桌的客人正在吃飯喝酒。本來也沒覺得如何，經恆信這麼一提醒，大家感覺每桌吃飯的都像是別有用心的人。

「但是我們該怎麼分辨誰是頗卓的探子呢？」姜大嬸輕聲問道。做菜她是行家裏手，不過其他方面，她真的不擅長。

「放心，我有點子！」

春華剛才吃完飯就消失不見，這會兒又神出鬼沒地跳了出來。

姜大嬸剛想說別亂來，春華早已抱着那隻不知哪兒來的花貓鑽下了桌子。

論聰明，春華可能比不上馬可，但是論鬼點子，真是十個馬可都比不上春華。

春華下了桌子，就把花貓丟了出去，讓牠自個兒去玩。等到貓跑出了餐廳，春華就開始彎着腰，輕聲學着貓叫，然後還自言自語地說：「小貓咪，你去哪裏啦，別和我躲貓貓哦。」

她一邊嘟囔着，一邊一桌一桌地鑽過去。當然，在她裝作找花貓的時候，眼睛可不是盯着桌子底下，而是偷偷地觀察每個食客的臉，一個一個地記住他們的樣貌特點和行為舉止。

啊！原來她的辦法就是這個，利用自己年紀小，又是女孩子的優勢，裝作找貓，近距離地觀察每個人！

眾人恍然大悟，紛紛在心裏為春華豎了大拇指！

　　沒多一會兒，春華假裝從屋外找到了花貓，一蹦一跳地回到了馬可他們這一桌。同時，把她觀察的結果告訴了大家，目標基本鎖定在了門口不遠處的兩人身上。

　　「喏，就是那兩個兇巴巴的人。」春華假裝逗着貓，用餘光瞟了一眼門口的兩個

人說道，「那兩人說自己是信使，但看着神神祕祕的，警惕性很高。最重要的，我聽到他們在說甚麼礦區探路的事。」

　　被春華這麼一說，眾人也都覺得肯定是他倆了。威賽直接捲起袖子，打算去和那兩人對質。

　　「嘿！你做甚麼？有你這樣的嗎？」春華連連扯住威賽的衣服，讓他坐下，「你這麼跑過去能做甚麼呢？萬一對方矢口否認，這兒的七八桌客人都會以為你要打信使，到時候都來圍攻你怎麼辦？」

　　威賽被問得說不出話來，如果說力氣他的確是最大，但是……

　　「唉，關鍵的時候還是要本小姐出主意。」

　　春華裝作少年老成的模樣歎了口氣，賣着關子。

　　「好了，你這個丫頭，我知道你最機靈了，趕緊說說，你又有甚麼點子了。」姜大嬸嗔怪地輕輕拍了一下春華的後腦勺兒。

　　「嘿嘿，你們就瞧好了吧。」

　　春華說完又從凳子上滑了下去，小跑幾步來到了那兩個信使桌前。

　　那兩個信使好像正在討論甚麼，看到春華過來，一下停止了對話，略帶敵意地看着眼前不大點兒的女孩。

　　此時的春華完全沒有了剛才機靈鬼的模樣，一臉楚楚可憐，懷裏還抱着一隻呆萌的花貓。

「兩位大人……」

春華的聲音糯糯的、甜甜的，像個乖巧的小女孩。

「小女子見二位面目和善，器宇不凡，定是武功高強的正義之士，所以有個不情之請，還望二位成全。」

說着，春華深深地給兩個人鞠了一躬，心裏卻是被自己這番話噁心到了。

「去去去，誰家的小丫頭，怎麼跑到這兒來溜達了，回家找娘去。我們沒空搭理你。」

兩人中胖一些的那個開口了，透露着不耐煩。

春華一臉的悽楚，眼裏快滴出淚來，故意用稍大一些的聲音說，好讓鄰桌的人也聽到。

「我自幼父母雙亡，和祖母二人相依為命。可是老天如此不公，祖母被惡霸欺負，搶走了僅剩的糧食，祖母為此臥病在牀多日。小女有心照料，卻無錢醫病。今日有緣遇到二位大人，懇求二位發發慈悲，能為祖母打抱不平。小女子身無長物，在這兒給二位磕頭了！」

說着，春華就梨花帶雨地哭了起來。

邊上幾桌的人看不過去了，紛紛起身勸說他倆。

兩人本想直接哄走春華，見周圍人多眼雜不好太聲張，便對視了一眼，勉強答應了春華的要求。春華立刻破涕為笑，伸手拉着那個胖點兒的人就往外走，給他引

路去為「祖母」討回公道。出門的時候，她朝馬可眨了眨眼，詭譎地一笑。

　　大家立刻心領神會。馬可和姜大嬸坐鎮，威賽、恆信則跟出門，配合春華等下一步行動。

　　可不知為甚麼，看着威賽和恆信出去的背影，馬可心裏突然湧上一股不安的情緒，難道會出甚麼問題嗎？果不其然，沒過多久，胸前的玉墜亮了。

　　「要出事！」

　　馬可心頭一緊，趕忙拉着姜大嬸去後廚。

　　沒錯，馬可的玉墜亮起來的同時，屋外的威賽和恆信的確碰到了危機。原本他們的想法是兩個對兩個，應該是穩操勝券的。可是沒想到，剛一交手，就從路邊的陰影裏竄出另外兩個大漢，也是兇巴巴的模樣。

　　「糟糕，居然被反埋伏了！」

　　威賽和恆信不約而同地反應過來。

　　但是開弓沒有回頭箭，只能硬來了。也多虧他倆多年在外，不論是體力還是功

夫都算是頂尖。可惜雙拳難敵四手，他倆漸漸落了下風。

正當他們支持不住想讓春華先跑的時候，援兵到了！

馬可大喊一聲：

「閃開！」

雖然不知道馬可葫蘆裏賣的甚麼藥，但是憑藉着對馬可無條件的信任，兩人一個翻滾，躲向兩邊。隨着風聲響起，馬可、姜大嬸將手中滾燙的開水和油潑向那四個人。

啊！四人發出了殺豬般的號叫聲。

四人被燙傷後戰鬥力直線下降，很快被眾人圍剿。核對口供無誤後，馬可就把這四人交給了送密信的信使，並寫了親筆信，讓信使連同頗卓的探子一起交給闊戈泰將軍發落。

聽說阿羅丁要搶奪金礦謀反，雖然覺得他是自不量力，但還是莫名心生一股擔憂。我希望在大汗統治下，這個國家風調雨順，人民安居樂業。挑起戰亂的人，是最不體恤眾生百姓的惡人！

第三章
煙花大會

回到大都，時常會碰到郭守敬大人。我也越來越喜歡和他聊天，聽他給我講述一些天文地理和中國的常識。

有一天，郭太史問我要不要去參觀他朋友修為的煙花作坊。

真是喜出望外呀！中國煙花，早就聞名遐邇，能參觀製作作坊，更是難得！

春雨已歇，白晝漸長。天公已經沒有了和煦的模樣，池塘的荷花和樹枝頭的知了爭相吐露着夏日的氣息。除了日常進宮向大汗稟告一路東行以來的見聞趣事，馬可·孛羅實在閒得無聊。但又無處可去，整日在屋前屋後轉悠。

終於有一天，郭太史笑嘻嘻地一步三晃地來了。

「小鬼頭！」

郭太史平日裏一本正經，但一到這個西方小伙子面前，就會變得特別沒正經。看，還跨在門檻上，就高聲喊起來。

躺在石凳上的馬可本來差點兒睡着了，一聽到郭太史的聲音，立刻就來了精神。他翻身從石凳上跳下來，三兩步就竄到了門前。

「郭太史！」

馬可興奮歸興奮，還是沒有忘記中國的禮數，連忙拱手作揖。

郭太史笑眯眯受了一拜，拍拍馬可的肩膀說：

「怎麼樣，最近可有甚麼新鮮事給老頭子我講講？」

馬可一聽，臉都耷拉下來了。本以為郭太史帶來甚麼新鮮玩意兒，結果是來尋他開心的。

「哪有甚麼新鮮事，這城裏城外我都轉了好幾圈，剛來這兒的新鮮感早就過了。」

「哈哈哈！」郭太史朗聲笑道，「就知道你肯定憋得無聊，今天就給你帶來好東西了。」

馬可雙眼放光，一個勁兒在郭太史身上找。可是他既沒有隨從跟着又沒有行囊，能有甚麼好東西呢？

郭太史也是看出了馬可眼神裏詢問的意味，擺了擺手說：

「我給你帶的東西，帶不出來，只能你隨我去看。」

聽到馬可和郭太史的對話，後院探出個腦袋來，沒錯，就是春華。

「有甚麼好東西呀，郭爺爺？能不能也帶我去看看？」說完還嘟着嘴擺出可憐兮兮的表情。

「哈哈哈，好啊，好啊，你也可以去看。不過……」

說到這裏，郭太史特意放慢了語速，賣了個關子。

「哎呀，有甚麼就說唄，大喘氣幹甚麼！有甚麼要求我們都答應您！」

馬可和春華已經不住這番引誘，異口同聲地說。

「要求也很簡單，就是到了那裏，我說甚麼就是甚麼，你們絕對不能擅自行動！」

「這有甚麼，也算要求？」馬可和春華面面相覷，不過他們還是點頭答應了下來。

郭太史大手一揮，兩個小跟屁蟲就滴溜溜地前腳後腳出了門。

其實目的地並不算遠，就在城內，是一座平日裏不怎麼起眼的房子。如果不是門外的幾個把守士兵，誰都會以為這是一座無人居住的舊宅，沒有甚麼特別。

「這兒是……」

馬可不敢造次，在郭太史身後輕聲問道。

「跟我來！」

郭太史似乎是這兒的熟客，幾個士兵紛紛對他行禮，打開大門將一行三人，加上春華上次抱來的花貓，讓了進去。

進得正門，才發現原來裏面還是有模有樣。幾十丈見方的庭院沒有任何裝飾性花草樹木，連時下京城最流行的假山池塘也沒有，只有十幾個大棚，用油布遮住。棚下各有不少工人在低頭忙碌着。

正當馬可和春華一臉茫然時，一個微胖的中年男人一顛一顛地快步趕了過來。男人雙眼有神，鼻子高聳，讓人過目難忘。

「來來來，我來介紹一下，這位是這裏的大管事，修為！」

郭太史顯然和修為是老相識了，彼此拱了拱手就算打了招呼。

不等郭太史接着開口，修為就自來熟地說：

「這位想必就是近日京城的大紅人馬可‧孛羅吧！久仰久仰！這位美麗可愛的姑娘一定是春華了！早有耳聞！」

馬可被誇得不明所以，春華臉上緋紅俏麗。

「兩位是第一次來吧，呵呵，這兒可是閒人免進的重要場所！」

說到正事，修為的笑臉一掃而空，換上了嚴肅的表情：「這兒是製造火藥的地方！」

馬可一聽差點兒沒嚇得跳起來。再一看周圍的棚子，裏面放的還真是黑乎乎的東西，這不正是火藥嗎！

「哈哈，你個老傢伙，每次都喜歡嚇唬新人！」郭太史一個巴掌拍在了修為的背上，把他拍了個踉蹌，「其實這裏是京城煙花的製作工坊。要說是火藥其實也沒錯。」

「小伙子，你見過夜晚的煙花嗎？」修為一臉好奇地問馬可。

看到馬可搖頭，修為按捺不住激動地說：「當夜空一片漆黑時，一團團色彩斑斕的煙花將會點亮整片星空，像轉瞬即逝的火樹，在夜幕留下一道道曾經存在的證明……」說着，還閉上眼搖頭晃腦起來，很是享受。

「哈哈，你們別見怪，這人就是這樣，談到煙花就沒完沒了。」郭太史無奈地搖了搖頭，「不過他的煙花的確是一絕，相信你們不久後也能目睹。」

馬可一聽就來勁兒了，想追問甚麼時候能看到煙花，不過看修為和郭太史一臉神祕的笑容，知道肯定問不出甚麼結果，只好作罷。

「來來，我帶你們參觀一下吧。」

修為很有主人的做派，大手一揮，就帶着馬可他們走進大棚。

「喏，你看，這就是硝石。」修為指着一堆白色的粉末說，繼而又指着黃色和黑色的兩堆粉末說，「這是硫磺，還有木炭。」

「就這樣混起來就可以做火藥了嗎？」

春華死死抱住懷裏的花貓，滿臉震驚。她雖然沒看過煙花，但是關於火藥可知道不少。只要那麼一點點，點燃後就會產生巨響，冒出濃煙和火光，靠近的人非死即傷。她可不想貓咪變成烤貓，更不想自己一不小心被火藥炸到。

「不完全是，因為這三者之間的比例成份還是很有講究的，製作煙花不需要那麼大的威力，但是如果是要製作軍事用途的……」

眼看修為越說越沒邊，郭太史趕緊上前止住了話頭：

「老修！你怎麼甚麼都能拿出來說？」

修為似乎也發現自己有些多言了，咳嗽了兩聲轉變了話題：

「其實煙花製作會更複雜一些。因為要控制好爆炸的力度，又要增加火焰的色彩。」

「火焰還有別的顏色嗎？」

馬可從沒聽說過五彩斑斕的火焰。

修為故作深沉地沉吟一下：「嗯。只需要稍稍加一點兒別的材料到火藥中，比如一點點的銅末，就會有碧綠色的火光；還有如果加入……」

修為口若懸河，小眼睛眨巴眨巴地透着光。馬可和春華聽得一愣一愣的，沒想到這不起眼兒的黑色煤球一樣的東西，居然有這麼多學問。

棚子裏的工人們都穿得格外精幹，領口袖口都用麻繩紮緊，頭頂也用布巾包住，連腳踝處都用細繩紮緊。

「老先生，請問他們這身穿着是為何道理？」馬可非常不解。

修為微微點頭，讚許地看着馬可：

「他們正在搗杵的是土硝、硫磺和木炭的混合物，也就是火藥。在這個過程中，如果不小心有砂石之類的東西混入，就容易產生火星引發爆炸。所以在整個過程中，我們還要往木臼中倒入水和一點兒酒，既不容易被誤燃，又可以方便黏合、成形，製成需要的形狀和大小。」

他頓了頓又說：「所以這裏的工人身上需要保持絕對的乾淨，絕不能混入細小的砂石，衣服都要嚴密紮緊。」

「那，會不會有別有用心的人混進來呢？畢竟這裏可出不得一點兒馬虎。」

馬可還是有點兒憂心忡忡。這些日子，他見過太多的勾心鬥角，爾虞我詐。

「喏！」修為指着每個棚子下的桶說，「這些桶裏裝的就是我說到的混入火藥中的水，也是用來以防萬一滅火的水。如果真的發生意外，我們會第一時間採取措施的。只管放心！」

看修為說得信誓旦旦，馬可才算是鬆了口氣。

就在這時，春華的花貓開始在她懷裏躁動起來，一身柔順的長毛像刺蝟一樣根根豎立，原本溫和的五官也變得兇狠起來，喉嚨裏咕嚕嚕地朝一個棚子的方向低聲怒吼。

自從春華將花貓抱回來，牠就沒出現過這種情況。春華一時間也不知道怎麼辦，只能不停地捋着貓背，試圖安撫牠。

不過這絲毫沒有半點兒用處。花貓反而變本加厲地嘶吼起來，春華都快抱不住了。

眾人正在疑惑之際，只見那邊棚子裏一個工人先露了馬腳。他靠着別的工友，一邊偷瞅着馬可等人，一邊小心翼翼挪向門外的方向。

馬可的墜子閃爍了起來。

危險！

「站住！」

馬可一下反應了過來，大聲朝那人喊道：「你別走，你是甚麼人！」

不喊不要緊，一喊那人反倒跑得更快，並將繫住的袖口一把扯開，掏出兩塊指尖大的石頭。

「不好！燧石！」

馬可一眼就認出了那兩塊不起眼兒的小東西。

那人眼看自己就要被在場的眾人包圍，作勢要用燧石去點燃棚內的火藥。一時間，場面極其混亂，一些工人呆立在那裏，不知該怎麼辦才好。

馬可強行讓自己鎮靜了下來，大聲說道：

「這位兄弟，如果你在這裏點觸了燧石，固然我們會死，可你也跑不了，恐怕也要葬身此處。」

聽了這話，那人情緒稍稍安定了一些，眼中那股視死如歸的狂熱情緒也低了一些。

馬可感覺有戲，繼續說：

「我猜，你的心中所想也不是弄死我們這些人，不然你早就和我們同歸於盡了。雖然我不知道你要甚麼，不過應該另有所圖。」

那人聽到這話，眼中閃過一縷光。

馬可又說：「既然如此，不如這樣，只要你就此離開，我們就不會來追究，你也沒必要死在這裏。你覺得如何？」

那人明顯猶豫了一下，略帶疑惑地看着馬可，同時看向修為和郭太史，因為他知道這兩位才是在場說話有份量的人。

修為和郭太史也已經冷靜了下來，聽到馬可的說辭，覺得這應該是當前最好也是唯一的辦法。與其弄得魚死網破，不如各退一步。儘管不能將壞人繩之以法會讓人覺得很不甘心，但讓這滿滿一屋子的人為這一個人陪葬，怎麼算都是一筆虧本賬。

他倆用餘光對視了一眼，修為朗聲對賊人說：

「這位小兄弟的話就代表了我們的意思，老夫向來信守承諾。」

賊人似乎覺得有些道理，猶豫再三，一步步挪出了院子。直到他出門之後，馬可才重重地喘出一口氣，一腦門子的冷汗唰地落了下來。萬一剛才那人用燧石打火引燃火藥，那後果真是不堪設想。

反觀此刻的修為，臉上多少有些掛不住了。剛才還說此處有各種安全措施，能保護這特殊的場所萬無一失。轉眼就打臉了，他只好清了清嗓子：

「呃，這真的是意外，以往從未發生過此類事情。以後一定會加以注意。還請各位大人不要把剛才之事說出去啊！」

修為一邊說一邊偷偷瞟着郭太史和馬可。

「其實，三天後在御花園正好有一場煙火表演，大汗也會到場。所以……鄙人希望能邀各位同賞拙技。」

聞弦聲而知雅意，在場的也都是人精，一聽就知道修為希望用煙火演出來換取他們的守口如瓶。

大家心領神會，也非常想見識下煙火大會，紛紛答應了。

三天時間轉眼即到。馬可、春華、胡安如期赴約。其實，就算沒有修為的邀請，他們也已經收到了大汗的口諭，進宮共賞月圓之夜的煙花大會。

進宮不下十幾次，但馬可從未留意到御花園的池畔居然有專門為欣賞煙花而搭建的水榭。從岸邊搭起三座竹製九曲橋，從三個不同方向曲折伸向湖中心。在三座九曲橋交會的位置，矗立着一座大亭子。此時大汗等人早已在其中吃着糕點等待今晚的重頭戲上演。馬可當然是不能進入亭子的，不過在不遠處也有專門為他和其他觀看者劃出的一小塊地，視野也不錯。

隨着一陣隆隆鼓聲，演出正式開始。

湖邊的岸上，地上插滿火把，把那片幾十丈見方的地面照得通紅，樂師、民間吞火球的藝人、柔術師、頂缸的藝人，輪番上陣，把馬可看得一愣一愣，不住地高聲喝彩。

　　樂過三番，隨着伶人的一聲清嘯，鼓樂齊停，燈籠火把也瞬間熄滅。整個湖畔一片漆黑，只有天上與水中的兩輪明月遙相呼應。

　　遠遠地，水榭中走出一人，手執兩盞燈籠，一盞包着黃色油紙，一盞包着綠色油紙。隨後他朝向另一側湖面，有節奏地揮動兩盞燈籠開始發號施令。

　　「這是修為吧？」馬可輕聲問春華。也不知道春華甚麼時候冒出來的，搖着扇子坐在馬可身旁。

　　還沒等春華回答，隨着修為的兩盞燈籠暗語，湖對岸「咻」的一聲，一道青色的亮光由下而上劃破了黑暗的夜空，在眾人期盼的眼神下沉寂了下來。正當大家鬆口氣時，只聽「啪」的一聲巨響，一朵豔麗的花火在夜空中綻放開來。花朵從一個閃耀的小點，很快向四面八方射出無數的淡綠色的火星。

　　還沒等眾人的驚歎聲響起，隨着修為的一個又一個手勢，越來越多的煙花飛上天空。整個京城彷彿都被點燃了。除了最初的綠色煙花，還有淡黃色、橙色和混合着不同顏色的煙花。

　　所有人都沸騰了，就連剛才的那些藝人都開始尖叫連連。

　　「馬可。」

正當馬可看得出神，聽到身邊有女孩子的聲音。扭頭一看，是闊闊真公主，當然也少不了和她如影隨形的侍女慧心。馬可連忙行禮，身旁的春華和胡安也趕緊端了端身形，依規行禮。

馬可一時找不到甚麼話題，只見身旁的闊闊真公主在不同色彩煙火的映照下，時而滿面桃花，時而俊俏活潑，不由得看呆了。

「砰、砰、砰……」正當馬可看得出神，又有幾十團煙花上天，這回不僅顏色有變化，連火星四散的形狀都和之前不同，簡直讓人驚歎。

一直站在馬可身後的胡安一直小心翼翼，特別是當闊闊真公主駕到後，他更是打起了十二分精神，欣賞煙花的同時，也在警惕地觀察四周。

這時，胡安隱約看到不遠處的樹叢中閃過一絲亮光。

「怎麼回事？怎麼會有火光？」

胡安的警惕心噔地就跳了起來。雖然不知道那個火光是甚麼，但是胡安確定，此時此刻只有修為手上的兩盞燈籠是全場唯一的火種。但凡另外有火種，一定是有問題。

只是火光的位置太遠，胡安沒法兒確定對方的意圖。他急中生智，就近在地上找了塊大小合適的石子，抬起右腳猛地朝火光方向踢去。

「轟隆隆……」

一連串的爆炸聲響起，遠處飛升起整整一排不同色彩的煙火。與此同時，胡安踢石子的方向，也響起一聲爆炸聲。只不過好像沒有人聽到，因為大家都緊緊盯着天上。

但身邊的馬可和闊闊真公主很快注意到了，他們看到了胡安異常的舉止，眼神自然被帶到了不遠的爆炸處。

「甚麼人？」馬可和公主異口同聲道。

因為隔着樹叢，只能隱約看到人影，完全看不清究竟有幾個人。他倆對視一眼，抬腿就向樹叢跑。

「啊！」

出乎他們的預料，喊聲竟然從他們的身後響起，回頭一看，闊闊真公主差點兒掉下眼淚。

一直在公主身後的侍女慧心，額頭居然破了，在慘白的月光下，鮮血汩汩流

出，把慧心的臉色映得煞白。

「我⋯⋯我幹了甚麼？！」

胡安是最先發現慧心倒下的，他坐在地上用手托住慧心的頭部，平放在自己的大腿上。不遠處的地上，有一塊燒得半焦黑的煙花碎片，和在修為的作坊裏看到的一模一樣。

馬可大致猜到了事情的緣由，應該是胡安踢的石頭改變了樹叢後的火藥發射軌跡，殘存的煙火碎片因為軌跡的改變，不湊巧地朝慧心飛來，砸中了她的額頭。

衝鋒陷陣胡安很在行，但是面對受傷的柔弱女子，他可就完全失了主意，連手該往何處放都不知道。

「馬可，公主！」胡安見他們來到近前，一下子找到了主心骨，「快！快救救慧心！是我害了她！是我害了她啊！」

公主本就和慧心朝夕相處，情同姐妹。眼看慧心臉色越來越蒼白，她也是眼睛通紅幾欲滴淚。只是她也只是個弱女子，哪裏知道此時該怎麼辦⋯⋯

正當馬可也感到無助的時候，他胸前的玉墜發出了一陣柔和的白光。這一束白光慢慢上升，徐徐朝慧心照去。

這一束光像一隻溫柔的手，慢慢爬上慧心的青絲，爬上了她的臉頰，最後爬上了她額頭流血的地方。

煙火還在肆無忌憚地乒乒乓乓，但是這三個人完全沒有心思放在空中斑斕的煙火上。

只見這道白光停在慧心的傷口上，血立馬就止住，傷口也慢慢地變小，一圈一圈地往回收縮。直到變成一個淡紅色的血痂，白光才咻的一下消失了。

「我⋯⋯我好暈⋯⋯」

馬可和胡安大氣都不敢喘，直到確認這是慧心的聲音後，才將懸着的心放了下去。

闊闊真公主輕輕拉住慧心的手，柔聲說道：

「別怕，馬可・孛羅救了你，你很快會好的。」

慧心勉強地朝馬可微微一笑，又吃力地閉上眼睛。只有輕輕顫動的鼻翼在告訴

別人，她還活着，只是失血過多。

「馬可！公主！你們沒事吧？」

春華突然從樹叢後跳了出來，看到地上一大攤血，也是嚇了一跳。等聽完公主的解釋，才放下心來。

原來發現火光的不僅有胡安，還有春華和她懷裏的花貓。

待胡安踢那一腳之後，春華第一時間衝到了樹叢後，發現了沒有加蓋皇家印章的煙火殘骸，還有兩塊指甲蓋大小的燧石，和那天在修為的作坊裏看到的一模一樣。

「難道……是有人蓄謀的？」馬可和春華忍不住揣測。

不過既然公主和侍女都沒事，他倆也不敢把心中的猜測說出來。當下唯一希望的是，慧心能夠平安度過這一劫。

一定是從修為的煙花作坊裏逃走的那個人，在大汗的煙花大會上，蓄意作祟，企圖引發大亂……

太平盛世，難道不好嗎？到底是誰暗中操控這一切？

第四章
熊貓森林

一日，大汗下令，讓我帶着夥伴們前往四川探查民情。

我們一行人趕路的時候，順便拜訪了一下山間的村莊部落。

山上的風光永遠和平原不一樣，甚至應該說和「人間」不一樣。從半山開始就雲霧繚繞，十步之外男女不辨，百步之外人畜不分。每一棵樹後都有屬於自己的驚喜，就上來這一會兒，馬可·孛羅已經陸續接受松鼠、猿猴和原地發呆的小鹿的歡迎了。

「嘿，威賽，我昨晚聽說這個山裏——有神仙！」馬可抹了一把臉上的汗水在褲子上擦了擦，很是興奮，「你想聽嗎？」

威賽摘了兩片葉子在嘴裏嚼了嚼，噗地又吐掉，似乎被苦到了，兩根眉毛扭曲地交織在一起。

「你說甚麼？」

「你知道嗎？據說我們住的那個村裏，幾十年前有個姑娘。因為長得太漂亮了，被別的村的地主兒子看上了。有一天，那地主兒子帶了好些人，氣勢洶洶就要來搶親。」馬可繪聲繪色地說。

威賽不由得放慢了腳步，和馬可並肩而行：

「然後呢？」

「幸好姑娘提前得到了消息，甚麼行囊都沒帶，趕忙往山上跑。喏，就是我們腳下這座山。」馬可做了個手勢，「但是女孩子畢竟跑得慢，很快被那些人追上了。眼看就要被抓走，結果你猜發生了甚麼？」

威賽剛聽到興頭上，一瞪眼：

「別和我賣關子！趕緊說，發生了甚麼？」

「就在要被抓住的時候，在姑娘和那些壞人之間，突然藤蔓瘋長。那些壞人腳下的草啊花啊甚麼的，都像有了意識一樣，紛紛將他們的腳纏住，哪怕被掙斷了也有新的長出來。而女孩不管往哪兒跑，樹都會給她騰出空間。等女孩過去了，樹立刻排得嚴嚴實實，密不透風，阻擋了那些壞人。等壞人終於繞出了樹的包圍，女孩的蹤跡早就消失了。」

「真的假的啊？」

威賽一臉的不可思議。

「大概是真的吧。然後這個女孩就再也沒出現過。據之後上山的採藥人說，山上從此有了一位仙女，總會在人們迷路或者受傷的時候出現，伸出援手。」

馬可·孛羅一臉認真。

威賽看了眼身後空空蕩蕩的背簍說：

「有沒有仙女我是不確定，不過我很確定一點，如果我們敢背着空背簍下山，姜大嬸一定不給我們晚飯吃！」

馬可撇了撇嘴，嘟嘟囔囔地去找菌菇了。他們今天上山的目的是來找菌菇的，據說山上有不少美味的菌菇，拿來燉湯好喝得不得了。

「嘿！威賽！這兒，快來這兒！」

馬可突然有了新發現，指着前方一片低矮的灌木叢大聲吆喝着。在他手指的方向，有一整片不起眼的小蘑菇，和姜大嬸描述的一模一樣。

「吼，吼……」

還沒等馬可走上前去挖，就聽到了低聲的獸吼。不過這吼聲好像不嚇人。馬可

畢竟在喜馬拉雅雪山上見過山神白虎，和眼前的獸吼相比，那吼聲貫徹雲霄。

不過馬可不敢大意，立刻從後腰拔出了防身的短刀，打起十二分的精神四下觀察。

威賽顯然也聽到了動靜，不動聲色地躬身靠近馬可。

聲音是從灌木後不遠處的樹下傳來的。一路上他們沒有發現大型野獸的足跡和糞便，所以應該不會遇到特別大型的野獸。小型的野獸，只要不是毒蛇，憑他們的身手應該可以輕鬆對付，何況蛇也不會吼叫。

話雖如此，兩個人還是不敢掉以輕心。

不過片刻之後，他倆的心都融化了。

只見一隻毛茸茸的小動物，披着黑白相間的毛，蜷縮在幾片大葉子下瑟瑟發抖，時不時地鼓起勇氣朝他們吼一聲。說是吼，其實更像給自己壯膽，因為吼一聲之後，牠立刻就把脖子縮回去躲在兩隻前爪前了。小動物眼睛周圍的一圈黑毛像極了人的黑眼圈，感覺幾天幾夜沒合眼。牠的身子不住地顫抖，偶爾飛過一隻蜻蜓甚麼的，都能把牠嚇得原地蹦起來。但牠身子又有些笨重，根本蹦不了多高，然後就像一個球吧嗒掉在地上。

馬可被牠憨態可掬的樣子逗樂了，把刀插回身後的刀鞘，打算上前去逗弄這隻小獸。

　　「馬可！」

　　威賽還是老到些，出聲叫住了他。

　　「別大意，再怎麼說也是一隻野獸，而且小獸身旁多半會有母獸的。千萬別大意！」

　　這麼一提醒，馬可也清醒了不少。他準備先把地上的菌菇都摘下來，這可關係到自己的晚飯。辦完正事後，兩個人又繞着這隻黑白色的動物轉了好幾圈，觀察了很久，也不見有母獸的蹤跡，才慢慢放下了警惕心。

　　只是可憐了這隻小動物，一直被嚇得哆哆嗦嗦，一刻不曾停歇。最後牠被嚇累了，索性趴在地上不動彈了，任由馬可和威賽繞着牠觀察。

　　正當馬可和威賽不知該如何處理這小傢伙的時候，天上劈劈啪啪開始落雨了。一開始還小，但畢竟是山裏的天氣，過不了一盞茶的時間，整片天都倒了下來。雨點把泥土打出一個個坑，砸在臉上更是生疼。

　　「嗚嗚……」

　　小野獸也被砸醒了，用爪子捂着臉一個勁兒地叫喚，惹人憐愛。

　　「我們該怎麼辦？」馬可撓了撓頭。

　　威賽也不確定了：「還是把牠留在這裏吧，我們連牠是甚麼動物都不知道，總不能讓春華連牠和貓一起養吧？」

　　威賽說着就要拔腿下山，忽然覺得腿被甚麼東西纏住了。

　　「不好！難道是傳說中的仙女？但我也沒有做甚麼壞事啊！」威賽心裏一涼。

　　不過低頭一看，威賽立馬樂了。原來是這小東西伸出毛茸茸的爪子，抱住了自己的腳踝。還仰着頭望着自己，一臉無辜的樣子。

　　「牠想讓你帶牠回家吧……」馬可不確定地說，「要不，我們就把牠帶回去吧。大不了明天等雨停了再把牠送回來。」

　　小動物彷彿聽懂了馬可的話一樣，用腦袋蹭了蹭馬可的腿，喉嚨裏發出一連串的「呼呼」聲。

威賽拗不過馬可，只得答應。威賽試着去抱這隻小動物，牠居然很配合地伸出兩隻爪子，讓威賽抱了起來。這小東西看起來不大，沒想到真結實，比七八歲的孩子還要重。

他倆把威賽背簍裏的菌菇收拾了一下，然後把小動物塞進了威賽的背簍，冒雨下山。

「嘿，姜大嬸，瞧我們給你帶甚麼好東西了！」還隔着老遠，馬可就扯着嗓子開始喊。這時的雨也停了。

姜大嬸從廚房探出身子，用圍裙擦着手上的水，笑盈盈地看着馬可和威賽，搭手接過威賽的背簍：

「收獲不錯嘛……啊！」

突然姜大嬸花容失色大聲尖叫起來！伴着她的尖叫，還有馬可和威賽樂不可支的大笑聲和背簍裏「嗚啊嗚啊」淒厲的吼聲。

屋內人完全不明所以，被外面的一大堆聲音嚇得不輕，紛紛衝了出來，如臨大敵。他們眼前的景象是這樣的：馬可和威賽兩個人笑得滿地打滾兒捂着肚子直不起腰，威賽的背簍裏露出一個黑白相間的毛茸茸腦袋，兩個拳頭大的黑眼圈，綠豆大的眼睛裏噙滿了淚水哇哇亂叫。

村民們聽到動靜也都圍了上來。從他們的七嘴八舌中，馬可他們終於知道這個黑白色小動物原來叫「熊貓」。不過不是貓，而是熊，但性格又比常見的熊要溫和不少，只要不去主動招惹牠，還是很溫馴的。

雖然村民們這麼說，可姜大嬸還是不敢太靠近，畢竟剛才受了驚嚇，還沒緩過勁兒來。

不過春華可不一樣，自從她看到熊貓的第一眼起，就愛上了這個蠢萌的小傢伙了。聽了村民的介紹，更是覺得可愛得不行，立馬蹲在跟前雙手抱起熊貓。小傢伙也很有靈性，一頭鑽進了春華的懷裏，毛茸茸的耳朵蹭在春華的下巴上，把她撓得咯咯直笑。

打鬧了一會兒，就聽見熊貓肚子裏傳來「咕嚕嚕」的聲音，沒多一會兒，「咕嚕嚕」的聲音越來越響了。

「哎呀，小傢伙準餓了。」

剛才還對熊貓有所忌憚的姜大嬸看出小傢伙餓了，但是，這小傢伙應該吃甚麼呢？

這問題難倒了在場所有的人，他們這羣外來客肯定沒人知道，那些本地村民也沒幾個人知道。

「我知道一個人，她可能知道這動物吃甚麼。」有個年長的村民在人羣中說，聲音不大，卻準確地鑽進了大家的耳朵，「我們都叫她『山神婆婆』。」

「山神？」馬可和威賽瞪大了眼睛，「真的有山神啊？」

那位長者搖了搖頭：

「其實並不是神，只是我們都這麼稱呼她，因為誰也不知道她來自哪裏，究竟多少歲了。但是她幾乎無所不知，經常幫村民答疑解惑。」

經他這麼一說，村民們也附和起來。

「嗯，是啊，如果是那位的話，應該能知道的。」

「是啊，之前我家二小子生病，不管哪裏的大夫都看不好，還是求她出手幫忙的。」

「那還麻煩老人家帶路，我們去上門求教吧。」馬可真誠地說。

其實「山神」並不住在山裏，只是住得離村子比較遠，是一座單獨建造的小房

子。小房子顯得有些年頭了，有點兒像傳說中的精靈小屋。

門輕輕一碰就開了，馬可壯着膽子說：

「山神婆婆，我是⋯⋯」

還沒等把話說完，就聽到屋子裏傳出笑聲：

「呵呵，進來吧，馬可，我早就在等你們了。」

大家驚訝地張大了嘴，互相對視一眼，不明白山神婆婆是怎麼知道馬可的名字的。

屋子裏很涼爽，屋內全是用木頭和竹子搭建的，裏面每面牆上都有竹製的櫃子，櫃子裏擺滿了各種古書和瓶瓶罐罐，上面分別貼着標籤。不過馬可只會說中國話，還認不全中國文字，沒法兒知道裏面是甚麼。

繞過前廳，就看到正堂坐着一位滿頭銀髮的阿婆。準確地說也不是阿婆，因為除了一頭的銀髮，別的也看不出年紀。特別是聲音聽起來根本沒有歲月的痕跡。

「來，遠方來的客人，請坐。」

山神婆婆笑起來特別親切，雖然是第一次見到，但所有人都覺得彷彿早就認識一樣：「我知道你們所為何事，別藏着了，把小傢伙放出來吧。」

　　所有人的眼睛都盯着威賽的背後，小熊貓縮着脖子不敢動彈，還是春華把牠給抱了出來。

　　一開始小傢伙還把頭埋在春華胸前，不敢抬頭。過了很久，才慢慢地試探着露出半個腦袋，打量着四周。當牠看見山神婆婆的時候，小眼睛都發亮了，伸出肉乎乎的爪子向山神婆婆討抱。

　　「呵呵，你這個小傢伙。」山神婆婆從椅子上起身，腿腳輕快地走到跟前抱起熊貓，完全沒有白髮老人的蒼老體態，「是不是和媽媽走散了啊？」

　　熊貓笨重地點了點頭，眼眶裏淚水滴溜溜地開始打轉。

　　「今晚陪婆婆睡一晚，明天帶你去找媽媽好不好？」

　　婆婆一邊捋着牠的毛一邊問。

　　熊貓又點了點頭，還吸了吸鼻子，把在場的人都逗樂了。

　　這時山神婆婆才轉身和在場的人說話：

　　「這個小傢伙叫熊貓，別看牠現在一副可憐巴巴的樣子，等牠長大了，胡鬧起來，你們都惹不起，可兇了，算是山上的小霸王了。」

　　大家吃驚地看着熊貓，完全想像不出牠熊嘯山林的樣子。

　　「雖說叫熊貓，但牠本質上是熊，而不是貓，長大以後的體重⋯⋯」婆婆比劃了一下自己，「怎麼也得有七八個我那麼重。不過嘛，現在牠還是個孩子，肚子餓了對吧？」

　　熊貓寶寶的肚子又適時地嘰哩咕嚕起來。

　　山神婆婆把牠抱在一隻手臂上，朝身後的櫃子走去，並從架子上的各種瓶罐裏倒出奇奇怪怪的東西，用石臼碾碎了，再從瓶子裏倒出清水和上，用小木勺一點點給熊貓寶寶餵進嘴裏。

　　「小傢伙好像很久沒吃東西了，先找點兒東西給牠補補身子，但最關鍵還是要找到牠媽媽。牠畢竟還小，要喝奶才行。」山神婆婆一邊餵着一邊和馬可他們說。

　　熊貓寶寶吃飽喝足，一臉幸福地進入了夢鄉。

直到第二天馬可他們準備動身上山尋找熊貓媽媽，這小傢伙才哆哆嗦嗦醒來，迷迷糊糊地被春華塞進了威賽的背簍。

　　昨天山裏下了一整夜的雨，直到日出時分才漸漸停歇。一路上空氣格外清新，每一次呼吸都像在給全身洗澡，從內到外的那種。

　　不過這一切反而讓威賽皺起了眉：大雨可能會把氣味和痕跡都沖走，一會兒可能更不好找。

　　事實上威賽說對了，清新的空氣對於笨拙的熊貓寶寶來說不是甚麼好消息。

　　大家回到昨天找到牠的地方，讓熊貓寶寶試着尋找地上殘留的氣味。但是真的挺難的，熊貓寶寶在地上繞了好多圈，還是沒有甚麼收獲，最後竟耍賴般一屁股坐在地上前肢着地撐着，吐着舌頭喘粗氣，不肯動了。

　　正當大家一籌莫展時，遠處的樹木密集處開始窸窸窣窣，不一會兒，從裏面鑽出三個人高馬大的男人，手上提着弓箭，背後的箭筒露出半邊，腰上還纏着長短不一的多股麻繩，腰間掛着各種形狀不一、叫不出名字的工具。如果僅僅是這樣大家也不會太在意，但當三個人從樹叢後拖出一頭野獸時，在場的所有人都看呆了。

　　「這是……熊貓媽媽！」

　　馬可第一個反應過來，當他看到熊貓媽媽被粗重的麻繩捆住脖子，不由自主地大叫起來。

　　「嘿！頭兒，你看前面那是甚麼？」三個獵人中長得最猥瑣的那個舔了舔手中的柴刀說，「那不是熊貓寶寶嗎？剛好今兒一鍋端了，還省的我們麻煩。」

　　馬可他們雖然隔得遠，聽不見獵人們在說甚麼，但獵人的表情和眼中那股貪婪無不在告訴馬可：他們在打熊貓寶寶的主意。

「你們為甚麼要抓熊貓？」

春華可受不了獵人那卑劣的眼神，衝上去大聲呵斥。

「為甚麼？你管得着嗎？」還是那個最猥瑣的獵人開腔，「就你那渾身沒肉的骨架子，我三兩腳就能把你踹沒了。你們幾個少管閒事。來，兄弟們，把那小畜生也給我捆了。」

說着，三個獵人就上來要動手抓熊貓寶寶。

「住手！」馬可和威賽挺身而出，「我們是大汗的⋯⋯」

「哈哈？你們是大汗的甚麼？熟人？我還是大汗的小舅子呢！」還沒等馬可說完，那帶頭的獵人一臉壞笑地說。

三個獵人相互使了個眼色，把熊貓媽媽往地上一摜，就衝上前要搶熊貓寶寶。

馬可他們雖然拳腳功夫不錯，但畢竟是在山裏，是獵人的主場，而且威賽還得分神照顧熊貓寶寶，更無法施展拳腳。一時間，馬可他們就落了下風。

正在一籌莫展之際，馬可發現身邊有些異常，但又具體說不上來哪裏不對勁兒。

「大概是我太敏感了。」他心想。

不過有這樣感覺的不僅是他，在場的所有人都覺得這片林子不對勁兒。尤其是身邊的各種植物，好像在動，讓人無法確認自己身處的位置。

獵人們的攻勢更猛烈了，稍遠的一個獵人已經張弓搭箭，準備遠距離襲擊。這可真沒法兒防，馬可他們既沒有厚重的皮甲，也沒有盾牌，對弓箭的防禦力就是零。他們這種獵人用的箭矢一點兒都不客氣，是三角的菱形箭頭，射入體內就是一個不規則的創口，而且由於箭頭不規則，導致箭矢在飛行中有一定程度的自轉，射入皮肉後會瞬間往身體深處鑽，旋出一個比入口更大的傷口。如果要害部位被射中一箭，基本這條命就去了七八成了。

就在這時，突然颳過一陣風。林間其實經常颳風，但這陣風很不尋常，每個人都被這陣風颳出了一腦門兒的雞皮疙瘩。隨風過後，林中所有的樹葉都開始有規律地沙沙作響。

這些樹葉、樹枝和藤蔓，在一陣顫抖後，開始爆發出驚人的力量。它們迅速從

馬可他們面前升起，先為他們遮住了弓箭手的視野。然後又快速爬上三個獵人的腳踝，從背後、肩膀和大腿纏住三個人。起初三個獵人還並不在意，只當是礙事的樹杈，柴刀一砍了事。但很快他們就覺得不對勁了，砍掉一根就長出兩根，砍掉兩根就變出四根。而且這些樹杈和藤蔓只針對他們，完全不去礙着馬可一行人。

「是誰？是誰在裝神弄鬼！有本事就出來，我們明刀明槍地比劃比劃，在背後耍小手段算甚麼本事！出來，你給我出來！」那個猥瑣的獵人壯着膽子喊，但回應他的只有空谷的回聲。

就在獵人罵罵咧咧的時候，一團霧氣慢慢在空地上凝聚成形，開始只能隱約看出有個人形，慢慢地，那個影子有了手和腳，還有了長髮和衣衫。

「仙女？」獵人的聲音都開始發抖了，料想他們應該聽過山中仙女的傳說。

那團霧氣形成的人影慢慢地露出笑容，不過不是對獵人，而是對着熊貓寶寶和馬可·孛羅，然後揮了揮手。只見緊緊纏繞着熊貓媽媽的麻繩紛紛脫落，熊貓媽媽一恢復自由，立刻邁開步子朝自己的寶貝奔去。

　　這一刻，不論三個獵人有多麼不甘心，想必也是不敢有半分怨言了，一心只想溜之大吉。

　　馬可簡直不敢相信自己的眼睛，雖然他這一路見過的稀奇事不少，但仙女還是第一次聽聞，更是第一次目睹。

　　熊貓寶寶似乎有些依依不捨，朝媽媽跑了兩步，又回頭看看馬可和春華。不過畢竟還是媽媽更重要，過不多會兒，就繞着媽媽前前後後跑開了。

　　三個獵人也趁着大家注意力在熊貓身上時，掙脫了身上的植物，慌不擇路地逃跑了。

　　等到眾人回過神來時，發現那個水霧形成的虛影在漸漸高照的陽光下，四散無蹤。只有馬可隱約在虛影中，看到那個仙女和他揮手告別，還輕聲說：「謝謝你們為山林做的一切。」

這聲音好熟悉，好像在哪裏聽過，但又一時想不起來⋯⋯我自嘲地搖了搖頭，難道身邊發生的奇怪事還少嗎？不差這一樁了。

　　因為需要繼續趕路，我們就離開了這片山林，也離開了能保護這一方山林的仙女。

第五章
絲綢工坊

對於父親曾經從東方帶回威尼斯的精美綢緞，我一直記憶猶新，來到中國，看過了那麼多的錦衣華服，卻一直沒想過，它們是怎樣被織造出來的。

沒想到，能滿足這好奇心的機會就在不經意間來了……

元大都織染局是馬可·孛羅去過的第一家官辦織染工坊，如果不考慮在其中發生的那些不愉快，整個行程倒可以算是美和藝術的享受。

那天的故事其實是從一聲尖叫開始的。

「啊……啊……」

整個屋子迴蕩着馬可·孛羅絕望的喊聲。

「威賽！威賽！胡安！胡安！」

砰的一聲，馬可推開了房門，單腳跳着把最後的褲腿提了上去，把路過的春華嚇得扭過頭去不敢看。

「威賽！胡安！你們怎麼不叫我起牀啊！這都甚麼時辰了！」

馬可隨便用一塊毛巾沾水抹了把臉，抓起餐桌上的一塊餅往嘴裏送，卻發現胡安和威賽抿着茶，一臉壞笑地看着自己。

「你們！你們兩個是串通好的！是故意的！」

姜大嬸遞過一把木梳給馬可：「喏，趕緊把雞窩給梳一下，不然怎麼出門？」

「姜大嬸！」馬可一手梳頭一手拿着餅含糊不清地說，「他倆太壞了，明知道今天約好了要去織染局，居然合夥把我窗戶紙用墨汁刷黑了，門縫窗縫還全用細棉花塞滿，故意讓我遲到。」

姜大嬸都笑哭了，一手抹着眼淚一手遞過一杯水給馬可。

「喝口水慢慢吃，別噎着。」

馬可咕嘟咕嘟灌下兩大口水才緩過勁兒來接着說：「你知道嗎，姜大嬸，我整間屋子全是黑的，而且一點兒聲音都沒有！要不是我早上被尿憋醒，還不知道要睡到甚麼時候呢。」

在場的人都笑趴下了，連剛才扭過頭不好意思的春華都坐在台階上捂着肚子滿地打滾兒。

威賽看不下去了，一邊笑一邊含着淚說：「好了，不和你鬧了。其實昨天我們已經改過時間了，改成今天下午。」

這一瞬間，整個屋子都安靜了。所有人的目光都盯着腮幫子鼓鼓的馬可。

短暫的安靜後，就是全場第二輪的爆笑，這一輪的笑聲更肆無忌憚，空留馬可一人瞪大雙眼，臉都快綠了。

經過幾番折騰，這一屋子沒心沒肺的人才恢復正常。安撫了好一會兒才把快氣炸的馬可·孛羅的情緒穩定下來。等到午後時分，胡安、威賽才拖着悶悶不樂的馬可前往織染局。

織染局位於大都城外不遠處的郊區，從外觀上就能看出，這是一個規模龐大的工坊。除了工坊本身，周邊還建了不少低矮的小房子，看上去像是女工的宿舍。

走到織染局門口時，正午的太陽已經非常毒辣，馬可一行三人幾乎睜不開眼。一輛輛滿載貨物的馬車從他們身邊駛過，繞過正門，從偏門進了織染局。突然，門口出現了一個高大的身影，幾乎幫他們擋住了正午的太陽。

「哈哈哈，是馬可·孛羅小兄弟吧！」那個高大的身影發出爽朗的笑聲，然後雙手抱拳作了個揖。

「是孟平大哥吧！」馬可早已熟悉這裏的人情世故，微微抱拳上前答禮，「昨日您派來的人和我們交代了，只是沒想到您居然親自來接，真是太榮幸了。」

胡安和威賽也連忙還禮。孟平給人一種特別的親切感，四個人很快就熟悉了，有說有笑進了織染局。

孟平是這裏的負責人，自然負責介紹起來：

「我們這個織染局是六十四個官辦織染局之一，雖然比不上綾綺局、織佛像提舉司那樣大的規模，不過單論織花品質和紋繡工藝，不是我孟某人高看自己，還真是沒有一家能比得上的……」

馬可能從孟平的眼神裏看出他發自心底的驕傲，不禁對眼前的織染局越發好奇：

「孟大人，恕我愚昧，不過我聽說織紡印染出江南，難道地處北方大都，反而做得更好嗎？」

「哈哈哈！」孟平高大的身體笑得晃動起來，投在地上的影子也跟着晃，「小兄弟還是有點兒見識。」

「不錯，如果說傳統印染和紡織，的確是江南做得出色。尤其是杭州、集慶、嘉興，說是我們的師傅也不為過。但既然是官辦，那就要有官辦的樣子。喏，你看──」孟平抬手朝不遠處的幾個方向一指，「那幾個是江南來的，這位小個子就是杭州府私坊的老工了，他手下的徒弟，可以說是遍佈全國，他手上出來的綢緞……」

說着，孟平往前走了幾步，從成品區抽出幾匹光澤亮麗的緞子說：

「這是我們的，所以也沒甚麼不能拿出來說的。你看上面的花紋，有沒有感覺和你常見的有甚麼不同？」

馬可把手心的汗在褲腿上蹭了蹭，小心地捧起緞子。確實手感絲滑，好像一不小心會自己滑到地上去。緞面是桃紅色，但紋繡的絲線好像是金線，在陽光下熠熠生輝，卻又不同金那般生硬。

馬可帶着疑惑，將目光又投向孟平。

「是不是手感特別好？而且，感覺花紋有些不一樣？」孟平驕傲地明知故問，「這就是納石失，這個名字可能你們不熟，如果說織金錦，你們可能就熟悉了。」

「哦！這就是大名鼎鼎的織金錦啊！」

胡安兩眼放光：「早就聽說皇家專供的這種錦緞了，從來沒這麼近距離見過，更別說能親手摸碰了。」說着，胡安用詢問的目光望向孟平，在得到孟平的允許後，胡安小心翼翼地伸手摸了上去，一臉滿足。

孟平大概是怕胡安把緞子摸出摺印來，委婉地把他的手移開，並指着其中的金色絲線說道：「這是最新的撚金手法，提前將極薄的金箔纏在要織花的絲段部位，然後再織。看似簡單，其實非行家裏手不能完成。因為必須對織紋位置非常熟悉……」

馬可雖然沒有完全聽明白，不過這一大堆的專業術語還是把他鎮住了，不住地點頭。

之後孟平又陸續向馬可介紹了錦、緞的區別，各類織紡工具的名稱和用途，這讓馬可三人大開眼界。

不知不覺四人已經離開了絲織的工藝區，來到了一個更為明亮的展廳。

「這兒是我們的展示廳，我們所有的成品都會以成衣的形式在這裏展出。」

孟平向四周拍了拍掌，鼓樂聲隨之響起，一行行穿着錦袍的少女不知從哪兒魚貫而出，向展廳內的所有人盡情地展示她們身上華美的衣裳和姣好的身段。

展廳內除了馬可他們，還有不少奇裝異服的異域人士。馬可能認出一部分，因為從威尼斯一路東行，也見過這些面孔和服飾，但更多的他無法辨認，畢竟華夏幅員遼闊，有很多地方他不曾涉足。

這些奇裝異服的人士應該也是來挑選錦緞原料或者成衣的，而且明顯比馬可他們專業。因為他們的注意力都在少女的衣着上，而不像馬可直愣愣地看着美女。

美麗的少女們繞着大廳轉了半圈，把馬可看得目瞪口呆。他從沒想到剛才手中的那些錦緞變成了裙衫居然會這麼漂亮，像翻花的蝴蝶，像雨後的彩虹，像初夏池塘裏的第一朵荷花。

姑娘們陸續走出展廳。孟平解釋說她們是去換服裝了，過一會兒會換上平民一些的棉布製品，畢竟不是所有人都能買得起錦緞的，更不用說皇家專用的納石失。在場的大部分商人還是衝着價廉物美的棉、氈來的，這些織物雖然售價不高，而且遠不如錦緞好看，不過需求量更大，而且四季更新，也是這裏主要的出貨。

「孟大人，您這兒每年得有多少銷量啊？」

馬可有點兒好奇，在場有這麼多前來選貨的買主，如果每天都這樣，那銷量簡直難以想像。

「呵呵呵！」孟平摸了摸腦門兒，「這你可把我問住了，具體有多少我還真不知道。不過，你看這些人……」

孟平指着現場不停打量着展衣少女們服飾的買家說道：

「『東盡遼邊西極流沙，北逾陰山南越海表』，哈哈，這樣來形容我們涉及的範圍，應該是沒錯了。」

馬可三人不禁暗暗吃驚，這東南西北，簡直就是整個國家的版圖範圍了！難怪孟平有這樣的底氣說自己僅次於綾綺局和織佛像提舉司，人家是真有這個實力。而且除了可以上供給朝廷的，還足有餘力生產面向市井的低端製品。馬可突然覺得自己低估了眼前這人的實力。

「真是佩服孟大人！能把織染局辦得這麼有聲有色！」

馬可發自內心地佩服。

孟平向東方拱了拱手，正色說道：「能有今日規模，全憑大汗洪福庇佑，小人日日兢兢業業，恪守本分，難報大恩。年年歲供必不敢怠慢，每件成衣均有小人親自過手，不敢有絲毫差池。」

接下去就是孟平有一搭沒一搭地向馬可他們介紹展衣少女們身上所用布料，聽到經線緯線，挑針跳針，馬可頓覺昏昏欲睡。要不是此時門外的動靜，他可能真會合上眼。

「公主殿下駕到！」

渾厚的聲音從織染局外傳至屋內，然後是一陣悠長又低沉的「嗚嗚」號角聲。一頂華蓋映入眼簾，金黃色流蘇從頂上幾乎拖到地上。

滿屋子的人聽到通報聲，都規規矩矩地分道站立，給儀仗隊和華蓋讓出正中間的主路來。流蘇將華蓋下女子的大半個身子都遮了起來，旁人可

能難以認出，不過馬可一眼就知道來者何人。

　　華蓋之下女子移步生蓮，體態嬌柔，雙手輕垂身側微微拂動，不用問，這一定是闊闊真公主。雖然和公主很熟稔，不過這種場合還是要講究禮數，在孟大人的引導下，紛紛見過了禮。待公主讓眾人免禮之後，在場的近百人才恢復常態，繼續討論起各式衣物、布匹。

　　「喂，你們怎麼也在這兒啊！」說話的是侍女慧心，她的嘴可不饒人，難得能出宮一趟，出來看甚麼都是稀奇的，「嘿，為甚麼每次都能看到你？你該不會是故意出現在我⋯⋯我家公主殿下面前的吧！」

　　慧心猛然間看到胡安也在馬可身旁，一下子截住了話頭，眼神慌不擇路地不知道該瞅向哪裏，話也說不利索了。

　　「公主殿下好！慧心好！」

　　胡安處變不驚，依禮作答。不過馬可看到他的脖子後面全是汗水，黝黑的腮幫子透出緊張的紅色，額角的青筋因緊張不住地跳動。馬可忍不住撲哧笑了出來。

　　「你笑甚麼呢！」慧心可不留情，「看到公主殿下還不請安！」

　　「好啦慧心⋯⋯」闊闊真公主拉住慧心指着馬可的手，「別鬧了，他們不都請過安了嘛。」

「公主殿下！」話雖如此，馬可還是不敢怠慢，「今天公主親自來此處，是來選衣料還是成衣呢？」

「我們是為皇后娘娘來挑祭奠用的衣料。再過兩個月……」

慧心的性子真的藏不住話，還沒等公主回答，就嘟嘟說了一堆。

公主趕忙用力扯了扯慧心的衣角，眼神示意她不能再說了。雖然不明白為甚麼，不過馬可還是相信公主的判斷，謹慎地向四周望去。馬可在儀仗隊伍中看到了御前侍衛恆信，這才安心了不少。

恆信眼光一直跟着公主，也早就看到了馬可，微微點頭示意。

馬可不由得向公主方向靠近了些，下意識地想保護她。公主也微微側身默許。不過誰也沒想到的是，他們這些小動作，都落入了在場兩個別有用心的人眼中。

在遠離馬可他們的一個角落，有兩個行走商人模樣的人，眼睛一直沒有離開過闊闊真公主。當他們發現原來公主和這個西方的小子這麼熟後，悄悄離開了現場，消失無蹤。

「各位！」

孟平不知道突然從哪兒冒了出來，笑容滿面：「今天何其有幸，承蒙闊闊真公主駕臨，令此處蓬蓽生輝。剛才小人特地去安排了一些歌舞表演，來展示我們的所有作品。請各位耐心等待。」

沒多會兒，剛才那些展衣少女們換上了各式裙裝、舞裝，伴隨着絲竹聲聲，踏音而來。

「馬可大人！」當所有人的注意力都轉移到台上的表演時，御前侍衛恆信悄無聲息地擠到了馬可的身邊，「馬可大人，這裏，可能有古怪。」

恆信畢竟久經沙場，靈敏的嗅覺讓他一次次死裏逃生、化險為夷，對他的忠誠和判斷馬可絲毫不會有所懷疑。而且就在舞女上台前不久，他胸口的玉墜也嗡嗡顫動了一下，他當時沒有在意，但現在被恆信這麼一說，他也皺起眉來。

「恆信大人，你覺得會有甚麼事情發生呢？」

恆信瞟了瞟周圍，示意威賽靠近些說話：「具體甚麼事情我不清楚，不過我剛才看到兩個神色匆匆之人，注意力沒有放在滿屋子的展品上，並不像是遠道而來採購衣料的樣子。」

「甚麼！他們在哪裏？」馬可驚呼一聲，引來了不少人的注意，又趕忙放低音量說，「你看到他們了怎麼不告訴我？」

「馬可你先別着急，我也只是匆匆一瞥，並沒有看得很仔細，甚至沒有看清他們的相貌，他們就閃了身形被一眾舞女擋住了。」

恆信頓了頓接着說：「少安毋躁，在事情沒有水落石出之前，也請不要驚動公主殿下，待我和威賽去調查一番再說不遲。」

馬可也沒有更好的主意，點頭默許。恆信和威賽就神不知鬼不覺地溜出了展廳。

他們三人嘀嘀咕咕了半天，其實聲音很輕，身旁的公主和慧心幾乎甚麼都沒有

聽到。就在恆信和威賽離開不久，舞女們就像散落人間的仙女一樣，一個個從舞台上飄了下來，盡情地在馬可和其他採購者面前展現身上的霓裳。

其實與其說展示衣裳，倒不如說是在展現她們青春洋溢的身材。因為有一位樣貌完全不落公主下風的舞女幾乎全程都在馬可的面前衣袖翻飛，讓馬可不知道該把手腳眼鼻置於何處。

闊闊真公主有些看不下去了：

「馬可，她……真的這麼好看嗎？」

馬可・孛羅一個哆嗦，趕忙說：「公主殿下，剛才孟大人帶我看了不少上等衣料，反正這舞也不好看，不如我帶您去挑選一下衣料吧！」

也不等公主回答，馬可趕忙一路小跑喊來了孟平。

「去幫我先拿幾套適合馬可身材的男裝來，不入眼的就不用拿出來了。」

公主在馬可面前還挺隨和，但在外人面前可沒有這麼好說話，女王氣十足。

孟平和馬可都不敢怠慢，取來衣服之後馬可忙不迭地一套套換上，像個木偶人一樣站着讓公主和慧心欣賞。孟平趁大家專心選衣溜了出去。

恆信和威賽正在整個織染局地毯式地排查。恆信無意看到孟平急匆匆地行走，神色不安地左右環顧一圈，一閃身進了後院的書房。畢竟是御前侍衛，恆信頓生疑竇，彎腰把自己藏在牆根，把窗紙戳了一個小孔，觀察屋內的動靜。

「孟大人，想必你也知道我們來的目的……」其中一個陰沉的聲音說道，「不知道你現在究竟還把不把我們當回事。」

「哼，他怕是當官當上癮了吧，哪裏還記得誰才是他的正主。」

另一個尖細的聲音附和。這兩個聲音應該就是之前在展廳的假冒商人了。

「兩位大人！我孟平這一身血肉都是主子給的，從來不曾有二心！我的忠誠，青天可表！」

孟平的聲音恆信也算熟悉，這短短三句話，一下表明了屋內三人的身份。

「既然如此……」那個陰沉的聲音繼續說,「這個瓷瓶你拿好,一會兒他們肯定會買衣服,你就把這瓶子裏的東西抹在衣服的頸口、袖口,但你千萬別碰到瓶子裏的東西,不然……」

孟平顯然嚇了一跳,手上一哆嗦差點兒把瓶子打翻在地:

「這……這是要幹甚麼?」

「幹甚麼?難道你還不明白?」那尖細的聲音陰陽怪氣地說,「碰到瓶中物,不出五步,血濺當場!」

「那你讓我灑在衣服上,是想……」孟平的聲音顫顫巍巍,此刻心裏應該在天人之戰。

「哼!這還要我說出來嗎?」那個陰陽怪氣的聲音從嘴裏擠出一個詞,「喀嚓!」

雖然沒有看到屋內的具體情況,不過以恆信的經驗,已經對整個陰謀推敲得七七八八了。儘管內心很想衝進去把他們三個人就地解決,不過考慮到展廳內公主和馬可的安危——萬一歹徒不止這幾個人呢?自己提前暴露就等於把敵人藏進了暗處,若有其他歹人,對公主就更不利了!

恆信按捺住心中的怒火,冷靜地思量,心生一計。他小心倒退幾步離開牆邊,快速返回到展廳內,悄悄靠近馬可和闊闊真公主。恆信在馬可耳邊快速耳語,聽得馬可眼珠子滴溜溜轉,不住地點頭。

這時孟平從廳外走來,手中還捧着一個箱子,裏面裝着一套用料格外華貴的緞袍要送給公主。馬可心裏暗道:你倒是捨得下血本的,這種皇家專供的料子都捨得拿出來。

馬可沒等孟平反應過來,就大步迎了上去:「孟大人捧着的可是好料子啊!」說着,順手接過箱子,高高舉起對全場說道:「這是專供皇上的納石失,今天孟大人可算是給大夥兒開眼了!」

眾人一聽，都大聲議論開了。畢竟不是所有人都如同馬可一樣能進入之前的製作區，還有孟平親自陪同講解。納石失這樣的料子大多數普通百姓都是一生難得一見。這回親眼見到，都興奮得不行。

　　「大家安靜一下，我今天來此，其實是奉大汗的口諭。大汗體恤民情，深感大元幅員遼闊，道途艱辛，各行商之人實為不易。現將本應送入宮內入貢的這件錦衣，送給對我朝最忠誠的衣料商人！」

　　馬可故意把最後幾個字音量抬得特別高！他這話一出，全場簡直沸騰了！這件衣裳不僅僅他們平時看不到摸不著，就算能見著，也是絕不能買賣的！

　　聽到這兒，慧心著急了，她和公主是皇后娘娘派來的，她可沒聽說大汗今天還有這道口諭！剛想跳起來問馬可這是哪門子的道理，就被闊闊真公主攔住了，闊闊真公主偷偷朝她搖了搖頭，用眼神示意了一下馬可。

　　雖然闊闊真公主不知道馬可這葫蘆裏賣的是甚麼藥，不過憑藉對馬可的了解，公主相信馬可不是那種信口開河之人。於是就裝作鎮定，將計就計，領首朝周圍的人說：

　　「沒錯，的確是大汗的口諭。」

本來還有所疑惑的場內眾人，得到了公主的確認，完全相信了！現場的氣氛簡直狂熱了起來。

　　馬可內心給闊闊真公主豎了一萬個大拇指，真是神仙搭配。不過表面上他還是一副莊嚴肅穆的模樣，繼續說：

　　「但是衣裳只有一套，現場卻有近百人。幸好大汗英明，早已洞察秋毫，現有一個方法，將這套錦衣送給現場最忠誠、最愛國的人！」

　　「我絕對效忠大汗！」

　　「我才是最忠誠的子民！」

　　「我家世代忠良！我才是這套錦衣最適合的人選！」

　　現場七嘴八舌的聲音不絕於耳，人人都在爭相表忠心。

　　馬可手掌朝下示意全場安靜，而後說道：「大汗的辦法很簡單，就是讓全場所有人共同高呼『大汗萬萬歲，大汗千秋萬代，大汗健康長壽！』誰的聲音最響，這件衣服就是誰的！」

還沒等馬可的話音落下，全場所有人都沸騰了起來，都在高呼大汗萬歲，聲浪一陣高過一陣，如果大汗真在現場，怕是會感動到落淚。

只是當聲音一響起，所有和恆信一起來的近衛兵都動了起來。他們快速跑過展廳，然後整齊地會聚在恆信和閣閣真公主身旁。

其中兩個領頭的近衛兵一直在交換着意見，不多會兒，他們又向恆信匯報着甚麼。然後，三個人一齊扭過頭，如雪劍一般的目光唰地朝展廳的一角射去：「抓住他們！」

士兵對命令的執行力，可不是開玩笑。命令剛下，齊刷刷地就有十個士兵往角落方向衝去，把兩個瑟瑟發抖的人包圍了起來。

這時在場的所有人都愣了，剛才不還好好的，準備賞賜衣服嗎？怎麼一瞬間變成了抓捕行動了呢？

馬可讓大家少安毋躁，然後端着錦衣走到了那兩人面前：「敢問二位，為甚麼剛才所有人都在為大汗祈福，唯獨你們二位一聲不吭，一句祝詞都不說呢？」

「哪，哪有！我們忠心大汗，只是嗓子不好聲音小而已。」

「是，是啊！我們是外邦人，還不是很通曉語言。」

看着兩個人辯解的樣子，馬可真是替他們着急：「哦，那應該是恆信大人錯怪你們了！」

說着，馬可扭過頭對恆信說：

「恆信大人，你既然冤枉了人家，你說怎麼賠償呢？要不然，就把這身錦衣賠罪賠給他們吧，讓他們穿上，也是彰顯大汗恩怨分明！」

恆信一臉認真地說：

「是末將錯怪他們了！如何處置，全憑馬可大人定奪！」

馬可應聲喏，便高聲說道：「大汗賞罰分明，既然恆信大人錯怪二位，便將此套錦衣賜給二位！還請二位穿上錦衣，叩首謝恩吧！不知道你們二位究竟誰穿呢？」

一聽這話，兩個人臉色唰的一下就白了，開始互相推讓，誰都不肯穿。

馬可繼續壞笑：「既然二位如此謙讓，那我就替大汗做主了，這身衣裳，一人

一半，你，說自己聲音小的，你穿領子！你，說自己語言不熟的，你穿袖子！一人一半！」

這話一出，兩個人立馬撲通一聲跪倒在地，磕頭如搗蒜：「您大人有大量，放過我們吧！我們其實也是被豬油蒙了心，才不知好歹做出如此大逆不道之事！」

後面的事情本應很簡單了，馬可當然不會讓他們真穿上這身衣服，只是將他倆和孟平交給了御前侍衛恆信帶回去發落。不過事情總是會有意外，恆信最擔心現場有餘黨，還真的就有餘黨。

不過這都是順手解決的小事了，畢竟恆信帶來的這些士兵可不是吃素的，三下五除二就把對公主和馬可意圖不軌的歹徒控制住了，並沒有給馬可和胡安太多表現的機會。

對於恆信會如何處置孟平，馬可其實還挺關心，畢竟他把這個織染局經營得妥妥當當，待人接物也讓馬可心生好感。不過畢竟是欺君犯上的大罪，想來也不會輕易放了他，馬可也懶得操這個心了。唯一遺憾的是，闊闊真公主本來給自己挑了一套衣服，經過這一折騰，那套衣服也就沒了下文。

連贈送給皇室的衣物，都有人要趁機下毒，而且滲入到這橫貫東西的絲綢貿易，皇室的危機真是無處不在啊！

第六章
千佛洞

御前侍衛恆信臨時收到密報，據說造反之人即將在千佛洞內密謀大事。

於是，恆信率領手下士兵，我帶着平日一同的夥伴們，隨着車隊人馬來到了著名的千佛洞。

這些年，廟宇雕塑也見了不少，但大家都說千佛洞和那些廟宇並不一樣，就像名字一般，難道真的有一千尊佛像嗎？

雖然特別好奇，但我知道，此行目的並非郊遊探景，我們身負重任，成敗在此一舉。

「天乾物燥，小心火燭……」「關門關窗，防偷防盜……」

夜色催更，小鎮褪去了白天熱鬧非凡的外衣。片片雲朵空中飄懸着，時不時遮擋那一輪彎月，本就不太明亮的月光，更是被籠罩得似有若無。

一所兩層樓高的簡陋客棧，門口飄着印有「酒家」二字的旌旗，旌旗四周開始脫線，經年累月的風沙暴曬，招牌早已褪色開裂，不過好歹能招攬生意，店家也沒有重新整修的意思。

平日裏略顯冷清的客棧，客房總是稀稀拉拉地被租住着。這兩日，二樓最大的那幾間廂房被一併要下了，掌櫃非常開心，好生伺候着。

「我們沒有暴露行蹤吧？」馬可・孛羅謹慎地問道。

二樓最隱蔽的廂房內，眾人圍在書桌前。

　　「不會，我們這次是分批到達，這個客棧也不是官家驛站，士兵們在城外分小隊駐守，應該不會有人注意到我們。」

　　御前侍衛恆信肯定地回答，邊說邊點頭。

　　為了不在深夜引起旁人的注意，書桌上只擺着一支蠟燭。微弱的燭光，隨着大夥兒們的呼氣吸氣飄忽不定，本就不夠明亮，這搖擺的光影更加增添了空氣中凝重不安的氣息。威賽、胡安、春華都不似往常歡快輕鬆，畢竟，明天要辦正事呢。

　　馬可微微側着臉，抬着下巴，再次向恆信確認：

　　「一切都已安排妥當了嗎？」

　　「是的，明天清晨，我就出發去城外，集結士兵們趕去千佛洞，只等馬可你的號令了！」

　　「我們一路得到的消息確認屬實，對吧？」胡安緊張但衝動地插了一句。

　　「是的！」恆信堅定地點了點頭。

　　「他們……」恆信頓了頓，說，「也將分批抵達。但是我們並沒掌握具體的位置，這是明天的關鍵！」

　　說罷，恆信深吸一口氣，看了看馬可，彷彿在徵求他的意見。

　　這些年經歷了無數次歷練，馬可也早已不再慌亂無章。

　　「好的，明天一早，恆信和威賽你們倆去集結士兵；胡安和春華跟我去千佛洞探路。好了，夜深了，大家都休息休息，養足精神迎接明天吧。」

　　大家紛紛回到了自己的屋內。

　　春華默默地守在馬可身邊，等大家都散去後，她看着一臉凝重的夥伴，緩緩地說：「明天一定會成功的！」

　　說罷，抬手輕輕拍了拍馬可的肩膀。

　　「春華，明天可能會有一場較量。如果需要搏鬥，你還能教我幾招中國功夫嗎？」

　　春華愣了一下，這都甚麼時候了，現在學甚麼招數呀？馬可迫切地看着春華，那玻璃彈珠般碧色的眼眸，在微弱的燭光下，閃爍着。萬一真有一場惡戰，哦不，別這麼想，春華突然有點兒不安……

「那好吧，要不然⋯⋯」

春華頓了頓，雙腿前後開立，微微彎曲了膝蓋，右手沉穩向前伸出，做了個「請」的手勢，示意他學自己做好準備。馬可讀懂春華的神情，依樣畫葫蘆地面向她，做出一樣的手勢。春華右手手腕搭上馬可的手腕，順勢向馬可側方擠壓逼迫。馬可悟性極高，這幾年一直看春華練拳，對姿勢、動作心中也已熟悉不少。他將春華的胳膊向下又向前一推，形成一個閉環，復而推回春華身側。

驚奇又滿意的春華笑盈盈地向眼前的夥伴投去讚賞的目光。

「馬可，看到了嗎？我不用教，你自己也摸索會了！」

顯然，這順勢而為的動作，並不是馬可有意為之，他也被自己的舉動嚇了一跳。馬可撓了撓後腦勺兒說：「啊！我也不知道怎麼了⋯⋯好像突然能意識到你的招式⋯⋯這是怎麼搞的？」

「這就叫『彼此制約，剛柔並濟』。」春華點了點頭，「中國功夫講究『以柔克剛』，『柔』並不是軟綿綿，而是以巧制勝。如果對方來勢洶洶，就要避開鋒銳，讓他力量分散了，再集中優勢出擊⋯⋯」

春華不慌不忙地緩緩道來，馬可邊聽邊驚歎中國功夫的博大精深，同時也略微緩減了大戰前的緊張情緒。

天曚曚亮，馬可、胡安和春華就穿着普通的粗布麻服，背上香袋，往半山腰出發。

「千佛洞，洞套洞，洞中有洞；石琢佛，佛連佛，佛外有佛。」

山路上，孩童們口中唸唸有詞的童謠，像繞口令般，聽得馬可都忍不住跟着哼了起來。隨着越來越靠近千佛洞，山間的景色也開始逐漸變化。從山腳下的綠草茵茵、灌木成片，開始變得略顯荒涼，露出灰白的岩石和土層。

上山的道路各不相同，但始終往一處匯聚，人越來越多，走着走着，馬可他們仨就發現自己已經混在一羣朝拜者中，也無須找路牌，跟着人羣去就是了。

馬可打量着這些朝拜者。有上了年紀的老嫗，駝背彎腰，拄着拐杖，每走一步身子都跟隨着起伏，脖子也隨着步伐頓一頓；有身後用花布巾背着嬰兒的母親，手裏還牽着一個東張西望的孩童；也有神情堅毅的壯年男子們，朝着心中神聖的佛洞會聚。

馬可一路探頭張望着，企圖在身邊的人羣中發現一些不一樣的面孔，胡安和春華則更專心於趕路。

　　不知不覺，眼前豁然開朗，沒有了山路，而是一片平整開闊的空地。百米開外，山體形成了一道巨大如屏風般的天然屏障，其上並非光禿禿的岩石，而是被前人們精巧雕刻出了一個個佛像。佛像比真人略大一圈，造型各異，細細看來沒有一個重複的，每個佛像都有一個佛龕，因為天然石刻，雕塑並未上色，灰灰的略帶土石的凝重感。

　　「啊！好壯觀！」

　　馬可忍不住張大了嘴，眼前這一堵石雕佛像羣的洞口山牆，彰顯了千百年來勞動人民的虔誠和工匠們的高超技藝。在這風吹沙走的地界，要在岩石壁上雕刻出那麼多栩栩如生的佛像，可非常人能及。

　　「天哪，這些佛像那麼高，人怎麼爬上去雕刻呀？」

　　春華不自覺地嘟囔着，道出了心中的疑惑。

　　「你們是異鄉人吧？」身邊一位男子聽到了春華的疑惑，插了一嘴，「這才只是我們千佛洞的洞口，裏面，更是厲害！你們第一次來，小心迷路。」

　　「迷路？」胡安不解道。

　　男子自豪地昂起臉，望着眼前這一片佛像，微笑着：「記得我小時候第一次來，差點兒就出不來，不過多來幾次就好了。其實，只要你們心誠，佛祖就會保佑你們的。別擔心，碰到石佛，虔誠跪拜就好了！」

　　千佛洞的入口，只有一處。洞口石龕最下方，是一尊巨大的臥佛。橫貫整個石壁，洞口在其腳後，大家陸續排隊，魚貫而入。

　　待一走入洞口，馬可心裏再次大吃一驚。

　　洞內溫度驟降，不似外邊暑氣，氤氳潮濕，皮膚的毛孔瞬間收緊了不少，汗涔涔的身子一下就涼快了下來。但洞內光線瞬間減半，瞳孔不自覺地放大了。山體頂部有一個天然的洞口，從那兒射入一束陽光，伴着潮氣，光線散射着，朦朦朧朧的。

　　就像洞口男子的提醒一般，一進山洞後，確實有種迷失的感覺。

　　因為洞內各個方向也都開鑿了洞口，整個洞內岩壁上依然雕刻着佛像。和洞外

岩壁的佛像略微不同的是，洞內的佛像因為水汽，顯得略有光澤，不似風吹雨打日曬後的那般滄桑。

除了頭頂的自然光線，洞內靠着石壁，擺有整排蠟燭，準確地說是好多排，蠟燭有不同大小粗細，有的已快燃盡，有的正閃着旺盛的小火焰。

大洞口朝拜的人們開始散開，朝着不同方向的小洞口走去，顯然大家對這裏的佈局很了解。

馬可走到每個洞口之前張望了兩眼，黑黢黢的小洞貌似通往別處。

「千佛洞，洞套洞，洞中有洞；石琢佛，佛連佛，佛外有佛。」

馬可喃喃自語起來，上山沿途孩童們的童謠真是實實在在的。

看過幾個洞口之後，馬可開始犯難：按這路數，走錯洞口，就無法到達謀反者的聚集地，就算蒙對了，裏面也是錯綜複雜的地形……

胡安也在觀察着周邊。

那一整排蠟燭旁，如同一般廟宇裏一樣，有專職僧人打理。部分信徒們虔誠地

跪拜磕頭，也有一些需要祈福或還願的，購買香燭。僧人在蒲團上打坐，三三兩兩的信徒們來到他面前，雙手合十鞠躬，詢問一下香燭價錢，掏錢點燃相應的紅燭，再次跪拜磕頭。也有一些顯然對千佛洞並不太熟悉的人們，也會恭恭敬敬地向僧人問路指教。只見他不露神情，按照香客們的訴求，為其指點香燭的方位，或者伸手指向不同的洞口，為信徒們指路。細細看來，雖為打坐，卻也十分忙碌。

「阿彌陀佛。」一位身形壯實的男子來到僧人面前，雙手合十，深深地鞠躬，只是腦袋不自覺地昂着，和其後背的弧度形成鮮明對比。

「請問施主請願還是拜佛？」

僧人面無表情，照例問道。

「今日初五，特來千佛洞拜佛。」男子也是面無表情，繼續道，「十三弟子今日虔誠拜佛。洞中洞，佛外佛，心連心，謀大業。」

聽到最後兩字，只見僧人一副慈悲為懷的臉龐上，眉尾不經意地上挑，定睛看了一眼面前的男人。

男子朝僧人微微頷首，一邊的嘴角上揚，面部肌肉拉扯着露出一個並不真心的笑容。

「施主，作為十三弟子，拜佛請先買份香燭吧。」

僧人收回目光，一手指向身旁的紅燭架子。

男子也不問價，從懷裏直接掏出一錠銀子，扔在僧人身旁的功德箱裏，哐噹一聲，銀子和其他銅板碰撞，發出沉悶的聲音。這財大氣粗的，顯然並不是本地人。

就是這輕微的哐噹聲，引起了馬可的注意。他靠着牆壁躲在陰影處，對春華點了點頭、努努嘴，示意她跟進一下眼前這位男子。

只見僧人對男子輕聲耳語一番，用手指着身後的一個看起來不起眼兒的洞口，伸掌做了個「請」。男子整了整衣袖，左右張望兩眼，看看身旁是否有人跟隨，隨即側身疾步進入，消失在黑暗中。

小姑娘春華打扮得和本地女子並無太大差別，她看懂了馬可的暗示，向胡安也點了點頭，旋即跟着壯實男子走入洞中。春華隨身攜帶了不少頭繩，專為尾隨探路之需。

　　春華剛走一會兒，馬可胸前的玉墜不知為何輕微顫抖起來，馬可捂了捂胸口，不好！難道⋯⋯

　　馬可望向那黑乎乎的洞口，一陣不安湧了上來，馬可三步併作兩步來到僧人面前，雙手合十，深深作揖。

　　「阿彌陀佛。」馬可強忍着焦慮，「今日我隨我家主子特來參加集會。剛剛內急，我家主子說他先進洞去，讓我隨後找您探路。」

　　僧人抬頭看了一眼面前這位年輕人，輕微皺了皺眉：「這位施主，貧僧不知甚麼集會，這裏是千佛洞，我佛慈悲，大家前來許願拜佛，心誠則靈。」

　　「心誠則靈？」馬可眼珠一轉，頓時計上心來。他趕緊從懷裏內袋掏出一錠銀子，僧人眼神中閃過一絲亮光，但他依然一副不緊不慢的模樣：「施主，這是要買香燭許願嗎？」

　　馬可將這錠銀子也扔入功德箱，發出同樣沉悶的聲音。

　　「可以告訴我怎麼走嗎？」馬可追問。

「施主，請先對口令……」還沒說罷，僧人趕緊捂住自己的嘴。糟糕，這是自露馬腳的大忌！驚慌失措中，僧人邁開腳步想開溜。

胡安健步上前，用身子靠外擋住視線，一把擒住僧人的胳膊，避免他逃走。

「不瞞您說，我們今日奉大汗旨意，率軍剿除聚眾黨羽；如若您識時務，能立刻指明方向，這錠銀子額外歸您。等收拾了叛軍，我必定保你人身安全。如若不然……」

馬可義正詞嚴地面對已然心虛恍惚的僧人。

「好，好……我說……」

在保命和利益面前，並沒有多少信仰的冒牌僧人顯然會選擇前者。

胡安一把拉住準備衝入彎彎曲曲的暗道中的馬可：「我們等一下威賽和恆信吧！」

可是，春華已經進去尾隨壯漢好一會兒了，估計也該到了集會的地方，馬可心想，不能讓她一個女孩子涉險！這些年一同出生入死的情誼，馬可是絕不會馬虎的。

「不！你在這裏等着他們，一會兒可以指路，我先進去，和春華會合，順便看看情況。」馬可迅速拋下一句話，就順着僧人的指示，走進了小道。

果然，這地上每隔一段距離便有一根頭繩，馬可一路追隨，最後一根頭繩落在了倒數第二個岔路口前。不過，僧人已經和盤托出了聚會地路線，沒有春華的標識，馬可也不難探摸到目的地。

馬可先看到一塊大半人高的巨石屏障，後邊便是一處豁然開朗的洞窟，像是議事大廳。四周並沒有過多的佛像雕塑，光禿禿的石壁前，一整排蠟燭將本該黑洞洞的石窟映照得十分明亮。大廳內已聚集了不少人，從衣着打扮看來，不乏三教九流之輩，互相拱手致敬打招呼，抑或交頭接耳地說着一些體己話。

我暫且躲着看看甚麼情況。馬可心想着，只露出半個腦袋張望。

「各位兄弟們！」

洞窟盡頭傳來低沉沙啞的嗓音，有力喝住了全場，原本還竊竊私語的人聲，一下就安靜下來。

從一個個腦袋上方和空隙間望去，洞窟盡頭是一座臥佛，山體已然斑駁陸離，石雕大佛頭枕胳膊，彷彿陷入沉睡之中。

佛像前站着一位矮壯的中年男子。鷹鈎鼻，絡腮鬍，眉毛黑粗，高聳的顴骨和嘴角大大的黑痣，讓臉顯得尤其猙獰。男子一身綠裝，將軀幹遮擋得嚴嚴實實，頭頂戴着由很多層布料包裹的帽子，相當厚實。最可怕的是，他的身上還纏繞着一條兇惡的蟒蛇。

招呼大家的，正是此人。

「各位兄弟們，今日承蒙不棄，相聚於此，共商大計！」男子頓了頓，清清嗓子，用其不大但目光犀利的雙眼掃視了一圈，繼續道，「我們之中，有能打鬥的門派兄弟，有手握礦藏的，有製造火藥的，有金幣鑄造的，還有拿捏西域茶葉、綢緞生意的……各行各業，只要我們好好統籌，聯合在一起，不管皇帝老兒是忽必烈，還是烈必忽，定讓他改朝換代！」

男子說罷，攥緊了拳頭，高舉過頭。

「阿羅丁大人！我們誓死追隨您……」

「聽候差遣！」

「阿羅丁大人萬歲！」

…………

洞窟裏紛紛響起眾人附和的歡呼聲。

原來是他！上次官道客棧裏截獲的密信，說的就是阿羅丁！馬可想起之前發生的種種，不禁有些頭緒。

還沒來得及細想，馬可只感覺墜子又晃動了一下，趕緊捂住胸口。怎麼？難道是自己被發現了？

馬可立刻蹲下了身子，靠着石頭，大氣不敢喘。

「等等，我們就歃血為盟！」阿羅丁昂着下巴，趾高氣揚地對眾人說道，「但是，首先，我們可以用這個人的鮮血來祭旗！」

難道要來抓我了？馬可的心撲通撲通地跳到了嗓子眼兒，正要一個起身迎敵時，只聽到一個熟悉的聲音：

「放開我！」

是春華！馬可小心地又探出半個腦袋查看情況。

只見一個兇狠、妖豔的女人使勁推着纖瘦的春華，來到阿羅丁面前。春華已無反擊能力，但她依然站得筆挺，小臉漲得通紅，目光毫無畏懼。

「你們這羣壞人！惡有惡報！你們不會得逞的！」

聽到「鮮血祭旗」，春華的內心不顫抖是不可能的，只是這些年來春華練過拳，師父告訴她，要始終堅信「邪不壓正」。

「哈哈，小小姑娘，死到臨頭還是那麼強嘴！」

阿羅丁冷笑着，眼前這麼個黃毛丫頭，就算是會個一招半式的，在這羣人面前，能算個甚麼？

他唰地拔出一柄鑲嵌了五彩寶石的匕首，和春華正好是一臂距離⋯⋯

「住手！」

不能再等了，春華命懸一線啊！馬可滿腔憤恨從胸膛中咆哮而出，化成這一聲怒吼，響徹大廳。

人羣中發出一陣嘩然，無人察覺竟還有人躲在角落中窺視這場聚會。大家紛紛轉身，向這怒吼的聲音來源望去。馬可早已拔劍，從石頭背後衝了出來，殺入人羣之中，拼命向春華靠近，眾人毫無防備之下，竟讓開了一條通道。而春華，趁着阿羅丁和身後女人不備之時，飛起一腳踹向那女人的肚子，順勢就地一滾，來到馬可身邊，兩人背靠背站成互相守護的姿勢。

「哈哈！我說呢，一個小姑娘，怎麼可能單打獨鬥。」阿羅丁迅速回過神來，「你就是忽必烈身邊那個外國使臣吧？來得正好！殺了你，送回你們的威尼斯，讓威尼斯總督和忽必烈結個樑子，那更能助我一臂之力啦！天助我也！啊⋯⋯啊哈哈哈哈！」

阿羅丁的笑聲在洞窟裏迴旋，令人毛骨悚然。

眾人將馬可和春華團團圍住，今日反正是要見紅的，無論祭旗還是結盟，都需要一些鮮血⋯⋯

怎麼辦？怎麼辦？

以二敵眾，馬可和春華再機智，也是難有招架之力。眼前只能是兵來將擋，聽天由命吧……

「兄弟們，殺了這兩崽子！」

「眾將聽令，生擒活捉，反抗者格殺勿論！」

阿羅丁和御前侍衛恆信兩人的聲音，同時在大廳內響起。

随後，從洞窟入口處湧入整隊整隊的官兵，動作之迅猛令人眼花繚亂。廳內眾人，即使有半數會拳腳武功，也難以抵擋手握兵器的正規軍隊，稍作抵抗，或身負重傷，或束手就擒。

至此，馬可懸着的心終於放下了，太好了，幸虧恆信率領部隊及時趕到。待他長舒一口氣，突然想起甚麼，扭頭一看：「人呢？！」

「誰？」

春華不解地問，驚魂未定的她還沒轉過神來。

「阿羅丁！」

馬可焦急地四下望去，並未見阿羅丁的身影。這一洞窟的，充其量只是烏合之眾，始作俑者可不能輕易放過！可是，阿羅丁顯然趁亂逃脫了，雖然入口已被恆信守住⋯⋯去哪兒了？

馬可在洞窟內跑來跑去，四處尋找，人呢？

「喀嚓！」甚麼東西這麼硌腳？──是戒指，寶石戒指！在石佛旁，馬可踩到了阿羅丁的寶石戒指。就在馬可撿起戒指的那一刻，他發現雕像的台基下有條縫隙⋯⋯

是祕道！

馬可用力推了推台基，緩緩地，一個大半人高的祕道出現在眼前！

「我去追阿羅丁！」

說完這句話，馬可一頭鑽進祕道之中——要快！就剛才那一會兒，阿羅丁可能已經逃得遠遠的了。春華、胡安和威賽也緊隨其後鑽入祕道，留下恆信及部下在大廳內處理餘黨。

祕道不長，也無分岔，三步併作兩步，不一會兒就衝了出來。在千佛洞內待了半天，明晃晃的日光在眼前突然閃現，讓馬可一下沒適應，無法睜眼直視前方。他趕緊用手臂遮在額頭上，瞇起雙眼。

祕道這頭是千佛洞背後，四周均為峽谷，深不可測。一道天塹橫亙這一頭和對面山道。這近乎十丈遠的距離，由一道麻繩索橋連接着。說是索橋，其實就是由手腕粗細的麻繩和木頭編成的簡易橋橫跨在兩個山道中。馬可定睛一看，阿羅丁正行走在索橋上，一步一步地向對面山道方向攀爬，還時不時扭頭看看身後……

「賊人，你別跑！」

馬可衝阿羅丁大吼一聲，二話不說，捲起袖子就趴在麻繩索橋上，奮力追着。

爬出兩步之後，馬可向下看了一眼，差點兒沒癱軟在索橋上。這高度……萬丈深淵，不過如此吧！除了踩着的木頭，腳下幾乎是懸空的，雙手除了抓緊繩索，整個人就像飄在空中。耳邊是瀟瀟的風聲，深谷中的樹林，嘩啦啦地響，放在平日是心曠神怡，而眼前……

「小心啊！馬可！」

身後傳來春華擔心的叫聲。眾人已不敢再上索道，重量越大越危險，要是晃蕩起來，可不是開玩笑的……

「哈哈，小子，追我？也不先看看自己的斤兩……」

索道那頭，再次傳來阿羅丁刺耳的笑聲，和凜冽的風聲混在一起，在空谷迴旋。

對此後路早已輕車熟路的阿羅丁，並不費力地爬到了對岸山道，望着十丈開外的馬可一眾人，他得意地撢撢袖子衣衫，惡狠狠地掏出原本用來對付春華的匕首。

「我讓你追，我看你怎麼追！」

阿羅丁蹲下身子，咬牙切齒地開始割繩索……

「天哪！馬可，快回來，危險！」

胡安看到阿羅丁的舉動，高聲驚呼起來。趴在索橋上的馬可抬頭一看對面，瞬

間明了阿羅丁的用意。

「救……」馬可還沒喊出口，阿羅丁已割完一道麻繩，整座索橋在空中失去了一半的支撐，馬可只覺得一邊的手臂和身子突然失去了依靠，啪的一下，身體完全喪失平衡並直衝向下。馬可憑藉本能雙手死死地抓住唯一可以依靠的那根繩索，此刻的他就像掛在晾衣繩上的一塊小手絹一般，在空中晃蕩着……

「去見閻王吧！」阿羅丁開始奮力割着第二根繩索，顯然是要置馬可於死地。

千鈞一髮之際，威賽果斷上前走到懸崖邊，一腳踩上那唯一還聯繫着兩端的繩索。這一腳，彷彿是桌案上的鎮紙一般，牢牢地穩住繩索。

「馬可，倒回着爬！快！」

威賽發出指令。春華明白威賽的意思，箭步來到懸崖邊喊：「馬可，記得猴子上樹嗎？倒着來，快！」

左手退，右腳退，換右手，換左腳……馬可緊閉雙眼心中默唸，緩緩地又謹慎地挪動着手腳。這在萬丈深淵的高空盪鞦韆的滋味，可沒那麼愜意。另一頭，阿羅丁也正加緊了割繩索的速度。

這時，馬可胸口湧起一股熟悉的暖意，他睜開眼，只見飛龍玉墜閃爍着柔和的

光芒，在胸膛上方形成一股奇妙的氣旋。氣旋逐漸加速，而那柔光也在頃刻間變成一束熾熱的強光，如開弓之箭，「嗖」的一下，強光越過馬可的臉龐，直衝對岸山頭。

「啊！」一聲慘叫，阿羅丁被這突然而至的猛烈光線刺傷雙眼。他趕緊抬手擋在臉前，一屁股坐在地上。而在那抬手的瞬間，匕首也從他手中滑落，掉進了谷底。

馬可趁機一點兒一點兒往回挪，挪到只有一步之遙時，威賽小心翼翼地一把抓住馬可的腳踝，奮力將他拖回到安全之地。

「我的天哪，真是驚險啊！」

馬可捂着胸口，還能感受到小心臟怦怦怦地跳個不停，雙腿早已軟綿無力，癱在地上，一手撐地勉強支撐着上半身。

「馬可，你沒事吧！」

春華和胡安趕緊圍了上來，撫摩着馬可的後背給予安慰，這彷彿就是鬼門關前的及時逃離，要不是飛龍玉墜的庇佑，還真不敢設想。

「哼，你們這羣小崽子，給我等着，此仇不報，誓不為人！我們走着瞧！」

阿羅丁也緩過神來，用他沙啞的嗓子，聲嘶力竭地衝着對面放下狠話，隨後識趣地溜之大吉。

我們差點兒就逮住叛逆首領阿羅丁了！

我們差點兒就能審問他為何要造反，為何要謀逆聖明英勇的忽必烈大汗。

可惜，讓他跑了……

跟著父親一路艱險地來到中國，在這裏結識了一群夥伴，有幸進宮拜見大汗，並被委以重任……這一定是我此生最重要的旅途，也是此生最寶貴的財富！

我，馬可·孛羅，腳步永不停歇，我還會繼續去探索未知的一切……